# 自 序

## 创投的秋天

2016 年的秋天，有一些坏消息在创投圈里四处传播，很多创业者问：“冬天真的来了吗？”2015 年的这个时候，创业者差不多也问了这样的问题，但这一次我坚定地告诉他们：“不，这是创投界最好的秋天。”

高高在上的不应该是投资人，而应该是辛勤耕耘的创业者，没有创业者的辛苦劳作，哪有投资人的收割？

**成熟的季节**

秋天是成熟的季节。投资人只有站在创业者的角度，投资一些真正能解决大家生活需求的项目，投资人才会变得成熟。创业者只有脚踏实地，更多地提供实用的产品，满足老百姓真正的刚性需求，创业者才会变得成熟。

投资人和创业者同时成熟的季节才是创投最好的季节。这种成熟有点理性、有点冷静，但同时又很脚踏实地、积极向上，符合新陈代谢的自然规律。这种成熟是中国创投的幸事，是中国创投走向一个新的高度、一个新的创新点的阶梯。

这个阶梯非常重要，我认为我们所需要的是创投的秋天，而不是创投的冬天。创投没有冬天，大家应该关注秋天的浪漫、秋天的节奏、秋天的扎实、秋天摸得着的感觉，这种感觉是非常好的，不要简单地谈论“资本寒冬”。

很多人在做投资的时候认为，如果行业很难变现，就不值得投，其实这个观点也是不对的，以京东商城、滴滴出行为例，它们还处在发展期，并没有巨额的利润，你能说这两个公司的模式不对吗？这样的公司也需要创始人持续地努力，并且耐得住寂寞。

我觉得任何一个行业，不管是互联网、体育、文化，还是科技，都需要有耐得住寂寞的工匠精神，这种精神也是秋天的一种代表，这种成熟是秋天的典型特征，中国的创投正处于这样一个非常好的“创投的秋天”。

# 创业成长法则

## 驱动公司成长的九大引擎

王胜江◎著

机械工业出版社
CHINA MACHINE PRESS

我们已经进入一个预见性思维决定创业生死的时代，其实创业就是一个建构未来世界的过程，然后把它一步步地变成现实，把一个不确定的世界变成自己想要的样子，并让人们接受的过程。

如果你要开始创业，就意味着你要快速成长，因为创业公司最核心的因素就是“不断成长”。创业公司要想快速成长，必须找到成长的“引擎”，也就是成长的驱动力。

《创业成长法则》的作者把创业以来关于公司成长的经验和心得，系统地总结成创业成长的九大驱动力：科技驱动、创新驱动、产品驱动、商业模式驱动、品牌驱动、IP 驱动、运营驱动、融资驱动和格局驱动，并辅以一手案例，解密多家明星创业公司快速成长的背后秘密，《创业成长法则》是创业者不可错过的一本参考书。

**图书在版编目（CIP）数据**

创业成长法则：驱动公司成长的九大引擎/ 王胜江著.
—北京：机械工业出版社，2016. 12
ISBN 978 - 7 - 111 - 55759 - 3

Ⅰ. ①创…　Ⅱ. ①王…　Ⅲ. ①公司-企业管理-研究
Ⅳ. ①F276. 6

中国版本图书馆 CIP 数据核字（2016）第 310893 号

机械工业出版社（北京市百万庄大街 22 号　邮政编码 100037）
策划编辑：郝　静　　　责任编辑：戴思杨
责任校对：舒　莹　　　责任印制：常天培
北京圣夫亚美印刷有限公司印刷
2017 年 1 月第 1 版第 1 次印刷
145mm × 210mm · 7. 75 印张 · 3 插页 · 120 千字
标准书号：ISBN 978 - 7 - 111 - 55759 - 3
定价：48. 00 元

凡购本书，如有缺页、倒页、脱页，由本社发行部调换
电话服务　　　网络服务
服务咨询热线：（010）88361066　　机 工 官 网：www. cmpbook. com
读者购书热线：（010）68326294　　机 工 官 博：weibo. com/cmp1952
（010）88379203　　教育服务网：www. cmpedu. com

金 书 网：www. golden-book. com

## 创业者才应该高高在上

2016 年 7 月底，创业媒体蓝媒汇记者站创始人韩辉来采访我，提出了一个问题是如何看待所谓的“资本寒冬”，并附上了一篇关于 2016 年创业公司死亡名单的文章。我仔细看了这份名单，死亡的创业公司有国内的也有国外的，确实不少，有几家还是国内的明星创业公司，融资都是数千万元人民币，而国外的几家明星创业公司甚至融资达到数亿美元。

“资本寒冬”是一个老话题，2015 年被提出来时我就反对。我认为，对于脚踏实地的创业者来说，从来没有资本寒冬一说。如果有，它只出现在每一个创业者心中，从你创业的第一天起，寒冬就在你的心里。每一天都有公司在死亡，这是创业的自然规律，也是创业的必然规律，创业从来都是九死一生。

但是，2015 年到 2016 年，投资的钱减少了吗？显然没有，几乎每天都有人拿着钱来众创空间找项目，创业不缺钱，就缺好项目。

所以应该是创业者高高在上，而不是投资人高高在上。

真相是：一方面，2015 年上半年投资机构开始出现泡沫，创业公司估值也出现泡沫，而现在仅仅是回归理性，回归正常；另一方面，投资人和创业者都过于悲观，对于很多好项目并不敢投。

创业者要自信，对于自己创业的领域一定要专业，甚至要比投资人更懂自己所在的行业。如果不是真的对所处行业的客户、对手和风险有清醒的认识，创业者是不太可能吸引对这个行业感兴趣的投资者的。

我经常对我们的团队说，一定要对每一个创业者保持敬畏之心，永远不要嘲笑任何一个创业者，无论他的项目有多小，他的团队人数有多少。每一个创业者都很伟大，创业需要巨大的勇气才能坚持下来，而真正具有创业气质的人是非常少的。

现在的投资界，不成熟的投资人很多，部分投资人高高在上，对创业项目指手画脚，比较浮躁，急功近利，拿着钱去"砸"创业者，甚至过度影响创业者。

我认为，创投圈最基本的逻辑是：创业者才是这个群体的中心，一个优秀的创业者，一定经受过各种考验，具备某方面突出的特质和足够的胸怀。而一个优秀的投资人，一定是在千百次的失败中成长起来的，对创业保持敬畏，能够帮助完善、引导创业者和他的创业项目。

不管时代如何变迁，投资人和创业服务者永远都会在门口等着创业者，但是创业者需要知道怎样推开这扇门、推开门后怎么做。所以，创业是创业者的事情，不是投资人的事情，创业者必须踏踏实实把事情做好。

**2016 年是投资界的洗牌年**

“车云网”创始人程李是那种你愿意多和他说几句话的人，尽管第一次跟他聊天时，我注意到自己的语速变得更快了，话题的起、承、转、合都像被装上了加速器。片刻后，我意识到，那是因为他太像一个创业者应该有的样子：长相憨厚、思维敏捷，脑子转得飞快。

后来我见到更多年轻的创业者，他们多多少少都散发着类似的气息。就像听到程李说：“我们如此有幸生于变革发生的前夜”。我感觉到这批创业者，正在重新定义这个世界。

在车云网 A 轮融资发布会上，程李站在演讲台上回忆起这些年的蛰伏与迸发，“我们坚信，当你身处一个浪潮，又难以预知走向何方，最好的选择便是勇敢地投身其中，留下一个时代的印记，并推动某种变革的产生”。那天正好是车云网上线的第 1 200 天。

那些在“泡沫期”乱投的小投资机构将加速出局，而真正有眼光、不浮躁的投资机构将迅速崛起，2016 年春节以来，已经有一些资本加大了对优秀企业的投资力度，投资额过千万美元的案例不断出现，所以 2016 年投资机构和创业者两个圈子的马太效应都将更加明显。

实际上2015～2016年，明显可以看出创业项目的质量越来越好。2015年做快递类的项目占大多数；2016年科技创新、体育创新、文化创新类的项目更多。2016年洪泰创新空间启动的“99°创业季”，有上千名创业者报名参加，其中出现了很多优秀的项目，智能硬件、新材料、机器人、文化和体育创新等比重越来越大。

我想告诉所有投资机构，大浪淘沙，是金子必然会发光，请睁大眼睛，创投圈的秋天已经悄然而至，有这样的一些项目，估值低，特质明显，也许并不完美，但是值得去挖掘、去培养。

**新的生活方式已经到来**

人们的生活水平在提高，体育运动将成为最普遍的生活方式。“90后”和“00后”这些新一代的年轻人会把体育当成他们主流的生活方式，年轻人对于体育的热爱，已经成为一种信仰。

体育产业的黄金时代，或者说体育投资的金秋到来了，所以，我和前乒乓球奥运冠军邓亚萍合作，引入战略股东，成立“云上体育”。我们希望用创新空间加运动场馆模式定义体育产业：有基地，体育跟场馆连接；有意义，周边有辐射，让人们来运动；同时投资一些项目参与场馆建设和运营，这样看起来更像实践基地。

其中，体育生态也是很重要的内容。如何参与马拉松，跑步受伤怎么办？如何科学打球？运动量大以后，如何吃才能对身体好？这些内容没人做。那么这些谁来做？创新项目来做，让内容形成一个生态。学院不缺体育教育，缺运动员退役以后的规划，缺运营场馆的人，缺运营赛事的人，缺运营体育产业的机构，因此，未来体育产业运营需要做深度的人才培养，需要基金，需要进行资源整合，需要一个体育创新创业的平台。

中国人的生活方式分为吃饱穿暖、购物、健康三个阶段，我认为做体育平台就是要改变我们的生活方式，改变我们的运动方式。“云上体育”这个平台的价值在于希望我们投的创业项目和基地运营能点亮一些人的思路，引导生活方式，聚集交流运动。健康在于运动，而不是吃药。

当我遇到“家水赛事”COO 王艳时，很难看出她瘦弱的身体里能有什么巨大的能量。素面、短发、白衬衫、面带笑容，她有一副邻家女孩的形象，要把她和摩托车比赛联系到一起实在太难，但是看到她讲为了摩托车而辞去一份非常好的工作时的神情和语气，以及酒仙桥空间里那十几座金光灿灿的奖杯时，我相信了。

王艳说，在赛场上的这些年，她学会了两件事，一件事是怎么“赢”，另一件事是怎么接受“输”。无论输赢，始终热爱，脚踏实地。

前一阵子席卷全国的那场暴雨浇走了“家水赛事”原定的首场赛事，王艳默默叹息，“有多大梦想，就要承担多大压力”，随即两个小时后又发出感慨，“山重水复疑无路，柳暗花明又一村”。我难以知晓这两个小时之间她们团队是怎样尽出奇招，但我看到了她们的隐忍坚持和无所畏惧！

无情的暴雨并没有将王艳和她的团队击垮，2016 年国内的赛事战线已经铺开，“家水赛事”将在山东台儿庄古城打响第一枪，2016 年 7 月 13 日的新闻发布会已经吸引中央电视台体育频道、腾讯、优酷、中文国际在线以及山东省内 52 家媒体的争相报道。“完全是意料之外”，王艳在朋友圈里这样感叹。在这个坚强的小女孩身上，我看不到失败的影子……

**科技创新是新经济的本质**

新经济的本质在于科技创新，模式创新永远是在空中飘着，有的创业者满口 B2B、B2C、O2O，恨不得一份 BP（商业计划书）里面什么商业模式都包含了。科技创新是“在地上快跑”，而不是“在风口上的猪”。

# 自　序
## 创投的秋天

2015 年 10 月 18 日，我在北京科技大学的演讲中提出，科技创新是“双创”的本质。对于“双创”，很多人认为只是年轻人、大学生的创新创业，是创业者的事情，这是完全错误的。改革开放后，创新创业一直就存在，20 世纪 80 年代一大批人投身创业，中国许多知名企业家正是从那个年代走过来的，现在已经成为教父级的人物。

中国经济正在转型，中国经济要成为更大和更强的经济体，我相信必须经历 10～20 年的创新创业过程。当然，未必人人都会创业成功，成功的创业者也未必次次都会成功，但我笃信的是，现在的年轻人经过创新创业的大潮洗礼后，一定会成为未来经济的顶梁柱。

# 前言

## 创新创业是继房地产之后最大一波红利

我们已经进入一个预见性思维决定创业生死的时代。

未来学者认为，所有的机遇在出现之前都有迹可循，如果你还在用常规的思维观察这个不确定的世界，不久你将被淘汰出局，用未来思维从眼前正在发生的事情中发现“苗头”，以创造性的新方法采取先人一步的行动，才能在大趋势中赢得先机。

现在很多人都在讲创新创业，那创新创业到底是什么？能够给我们这个时代带来哪些变化？

回想20世纪八九十年代也有改革开放，也有创新创业，我个人认为那一轮的改革开放是我国经济发展的第一个阶段，是改革开放 1.0 版本。从 2013 年、2014 年开始，我们进入创新创业阶段，这是中国经济发展的第二个阶段，我称它 2.0 版本。如果我们把这两个阶段把握好，一定会发展得非常快。

创新创业是“80 后”“85 后”“90 后”真正的红利，也是中国继房地产之后最大的一波红利。

就像以前买房的那些人，只要买了都会享有红利，如果发牢骚，不行动，永远都得不到红利。我从 1999 年开始从事房地产业，经历了几次低谷和高潮，经常有朋友跟我说，如果当时能预见到房价会涨到这么高，也许早就多投资几套房子了，这就是预见的力量。

所以在经济发展第二个红利期到来的时候，最重要的就是参与创新创业，二十年以后，你也有可能和别人讲，那时候享受了创新创业红利期。2016 年是非常好的参与时机，所以我觉得时代赋予我们这么好的机会，大家一定不要错过。

**优秀的创业者能够“看见未来”**

创业以来，最深的一个感受就是优秀的创业者能够“看见未来”，他们深知未来的人们需要能够在家好好吃饭，于是创造了现在无所不能的外卖；知道人们想要方便地用车，于是创造了 Uber 和滴滴出行；知道人们想要在家就可以上大学，于是创造了 MOOC（慕课）……

其实创业就是一个建构起自己心中未来世界的过程，然后把它一步步地变成现实，把一个不确定的世界变成自己想要的样子，并让人们接受。

这些优秀的创业者懂得未来是围绕人性而不是单纯的科技，于是他们把人性研究透彻，准备好各种创新产品或服务在未来等着我们。在创业者看来，科技只是满足人性的一种手段，他们创造出各种新奇的发明，用特斯拉、智能机器人、VR（虚拟现实）可以把我们带入前人没能体验的世界。

但是创业者必须做出决定，究竟想要创造什么，想要避免什么，想要创造出一个怎样的未来？创业者应该多关注未来，成为一个“未来学家”。优秀的科幻作家能给我们带来很多启示，像《北京折叠》和《三体》，是否我们创造的世界是一个“折叠”的世界？我们能避免被竞争对手“降维打击”吗？

如果你要开始创业，就意味着你要快速成长，因为创业公司最核心的因素就是“不断成长”。创业公司要想快速成长，必须找到成长的“引擎”，也就是成长的驱动力。

有些人创业是因为在公司混不下去了，别无选择；有些人是因为受改变世界的梦想召唤；有些人是源于对财富的渴望；有些人则是热衷于对权力与控制力的追求。无论因为什么创业，都需要找到创业的内心驱动力。

我把创业以来关于公司成长的经验和心得，总结成创业成长的九大驱动力：科技驱动、创新驱动、产品驱动、商业模式驱动、品牌驱动、IP 驱动、运营驱动、融资驱动和格局驱动。如果说我的上一本书《创业生存法则》写的是如何在战场上“生存保命”的话，那本书写的则是“杀敌制胜”的实用招法。

# 目 录

自序　创投的秋天

前言　创新创业是继房地产之后最大一波红利

第一章　科技驱动

科技驱动未来中国创业 /003

决定未来的八大核心科技 /008

案例复盘及启示：1号签，打造高科技电子签约产品 /012

成长充电站：下一个十年是中国的科技创新时代 /015

创业路上的小诗：拙朴 /017

第二章　创新驱动

中国缺的不是智能制造，而是智能创造 /020

模式创新时代即将终结，品质创新时代已经到来 /025

种下一片创新的“热带雨林” /030

案例复盘及启示：车云网，中国第一个汽车媒体 /035

成长充电站：执行力的缺乏是创新最大的阻碍 /038

创业路上的小诗：长河 /039

## 第三章 产品驱动

创新创业经历的三个思维阶段 /042

创业要有八级工的工匠精神 /046

用户是推动产品的第一生产力 /051

滴滴出行与 Uber 中国合并，创业者最关心的应该是什么 /055

案例复盘及启示：有粮网，打造极致农产品电商 /058

成长充电站：产品创新的几个误区 /062

创业路上的小诗：云边 /064

## 第四章 商业模式驱动

好的商业模式一定要回归常识 /067

有一种行业，叫不是办公 /070

连接产生价值："产业 + 双创" 将开创新时代 /074

案例复盘及启示：小黑裙，商业模式成就黑色帝国 /078

成长充电站：一切不赚钱的创新都是耍流氓 /082

创业路上的小诗：五月的雨 /083

## 第五章 品牌驱动

从"老王兄弟会"看创业公司如何免费做品牌 /88

如何积累势能，实现品牌热传播 /93

创业公司做品牌的八个法则 /99
案例复盘及启示：99°创业季，改变创业的季节 /102
成长充电站：熊猫罗盘 /105
创业路上的小诗：秋日时光 /108

第六章　IP 驱动
创始人“IP 化”时代已经到来 /112
创业公司如何打造超级 IP /116
“双十一”这个超级 IP 将毁掉创业者 /121
案例复盘及启示：昆仑决，一个体育 IP 崛起的范本 /123
成长充电站：打造 IP 从一个小目标开始 /127
创业路上的小诗：青春 /128

第七章　运营驱动
创业公司指数级成长路线图 /132
完美运营，破局产品冷启动 /137
案例复盘及启示：海外 U，新型跨境电商如何积累 200 万用户 /141
成长充电站：增长黑客 /143
创业路上的小诗：傍晚 /144

第八章　融资驱动
资本春天即将到来，大爆发可能在 2018 年 /148
中国资本领投 WeWork，到底意味着什么 /152

是“独角兽”还是“独角尸”/156
想拿钱？看看融资的 10 条建议 /159
案例复盘及启示：摩拜和 OFO，一场融资导演的盛宴 /164
成长充电站：投资人拒绝你的潜台词 /166
创业路上的小诗：十月的正午 /167

第九章 格局驱动
今天对时代的判断，决定了十年后的江湖地位 /171
创业时间可缩短，过程却不可跨越 /176
如何成长为一名优秀的创始人 /182
案例复盘及启示：神奇百货，不要在应该上学的年纪去创业 /185
成长充电站：远离这 7 类创业者 /190
创业路上的小诗：记忆 /193

第十章 胜江创业点评
直播这么火，到底应该怎么做 /197
创业需要有做科技产品的坚守与自信 /200
资源只是一个助力器，不是主流 /204
爆品和小众品牌更加值得关注 /207
生意、创业、产业，这是三个不同的概念 /211
创业路上的小诗：乡愁 /213

后记 创业一年半 /215
附录 一位创业者凌晨两点的感言 /223

# 第一章

# 科技驱动

创业，科技驱动将会成为主流模式，而不是简单的模式创新，因为模式太容易被复制。中国和美国最大的不同是我们在技术领域的历史存量不够，硅谷集聚了强大的产业资源、科学家、学校人才，这一点在中国非常稀缺，我希望未来洪泰创新空间能够成为中国的硅谷。

# 科技驱动未来中国创业

**干货点评：**

> 很多人在谈互联网，但实际上，科技才是互联网的核心，与互联网相关的硬件和软件在根本上都是科技的创新，互联网发展的本质之一就是科技创新。

在“大众创业、万众创新”形势之下，2015年，我国平均每天新登记企业1.2万户，比2014年提升20%。在国家高新区，“双创”活力更加凸显：2015年中关村国家自主创新示范区新创科技企业有2.4万家，同比增长84.6%。

2015年，全国各类众创空间已超过2 300家，与现有2 500多家科技企业孵化器、加速器，11个国家自主创新示范区和146个国家高新区，共同形成完整的创业服务链条和良好的创新生态。在孵企业超过10万家，培育上市和挂牌企业600多家，吸纳就业人数超过180万人。国家新兴产业创投计划累计支持设立206家创业投资企业，资金总规模557亿元，投资创业企业1 233家。

## 科技创新是“双创”的根本

创业环境和政策利好，让这片土地生机勃勃，创新创业的势头如火如荼。从传统上来说，中国公司经常都会是速度很快的“跟风者”。然而，现在我们开始看到真正的创新逐渐增多了起来。

现在人们用得最多的手机是苹果手机，而苹果是世界上最具科技创新观念的公司之一。现在还有很多人讲特斯拉，而特斯拉不但是电动汽车的代表，也是科技创新的代表，它的电池技术、软硬件结合技术，都是科技创新的典范，这些智能技术和传统制造业结合起来，特斯拉就成为代表先进生产力前进方向的科技企业。

中国的小米也是这种企业，它改变了原来由工厂到各级渠道商到卖场终端再到消费者的复杂路径，厂商做出了手机，可以通过互联网渠道直接到达消费者手中。有人说小米是借了互联网发展的风口，但是在根本上，小米这样的公司是靠着真正的科技创新实现了飞跃发展。

O2O 不是科技创新，是创新的伪命题。2015 年去杭州出差的时候，我住在一个特别偏僻的酒店，尝试点了个水果外卖，15 分钟就送到了，可是打开四个水果包装，里面三个水果是烂的。仅仅把东西从线上搬运到线下，从 A 地点运到 B 地点，就是 O2O 吗？实际上互联网服务、O2O 的本质是产品，是内容。这些东西是讲究体验的，如果 O2O 不能把体验的核心问题解决好，只是做了一个物质的空间移动，那我认为 O2O 是偏离了方向。

现在 O2O 的风势好像吹弱了许多，这也是市场回归理性的表现，一个东西热起来，势必会有很多跟风之人在背后追赶、借势，但这种虚假的繁荣肯定不会持续，最终会回落到一个供求相当的水平。这也是我们社会启动“双创”以来的第一笔学费，经历过这样的曲折之后，我相信我们的创业投资市场也会更加地理性。

“双创”已经成为一个国家课题，但是创业也分投资性创业和生存型创业，分创新型创业和跟随型创业，我们真正需要鼓励的是生存型创业、创新型创业，科学技术是第一生产力，这个论断放在今天也是经得起考验的，是值得我们遵守和推崇的。

## 科技创业是险中求胜的最佳策略

科技创新，这里面有互联网创新、互联网服务，服务的内容最重要，内容就是产品，产品要通过制造。沿着这个脉络走，我们的“双创”之路未来才会走得长远。

变革时代，创业仅靠产品跟风、复制就能暴富的红利早已不在。然而从国际经验和全球规律来看，科技创新、科技创业往往是险中求胜的最佳策略。最精明的商人和创业者，正悄然布局未来，以待收获新的成功。

2016 年 5 月，我参加奇点学院主办的奇点大课——“科技决定未来”的对话，伦敦帝国理工学院认知机器人学系教授默里·沙纳汉（Murray Shanahan）表示，预计到 2025 年，知识类自动化工具这类工作所产生的潜在经济影响将达到每年 5.2 万亿~6.7 万亿美元，机器人和人工智能解决方式的市场在 2020 年前将增长至 1 530 亿美元。

机器学习、计算机视觉的成功，不断加强的计算能力、大数据技术和互联网，重要的公司投资，创新公司的发展，使我们对 AI（人工智能）技术的发展持乐观的态度，其发展已经取得明显进步。人工智能将会带来在诸多领域的应用，产生经济效益并惠及大众。自动驾驶、智能机器人技术、私人助理、个性化的医疗、公司决策、科学发现等领域的专业 AI 短期内一定会出现，强 AI、人性化 AI、科幻故事中的想象在未来不是没有可能实现，但 10 年之内是不会出现的。实现人性化 AI，并快速跟进超级 AI，甚至有可能产生超越工业革命的社会影响。

可喜的是，中国已开始转向积极培育 AI（人工智能）产业，将以举国之力振兴相关企业和新技术，目标是在 2018 年之前，形成千亿元级的人工智能市场应用规模。以互联网巨头百度和腾讯控股为代表，已有 100 多家企业涉足人工智能市场，人工智能正在形成百花齐放的局面。

# 决定未来的八大核心科技

干货点评：

> 单纯APP创业的时代已经结束，“资本+科技+产业+互联网”这种创业模式越来越受到资本的青睐。

中国要强大，一定要产业升级。美国人设计了一个产品拿走90%的利润，中国人在剩下的10%里面分利润。凭什么这样分？因为这里面有科技的力量、资本的力量、产业的力量。

为什么创业要找资本呢？因为企业的根本目的是赚钱，要允许资本赚我们的钱，同时，资本会带来更多的要素，推动创业更快前进。创业者这条路很艰难，拿了投资人的钱就要尊重投资人，他进来以后是合伙人，合作和博弈同在，这个过程是一个痛苦的过程，当然也有快乐，也是享受的过程。

同时，传统的企业需要转型、需要创新，产业跟“双创”的结合是最重要的主题。

目前来看，单纯APP创业的时代已经结束，“资本+科技+产业+互联网”这种创业模式越来越受到资本的青睐。

既然科技如此重要，究竟哪些才是决定未来的核心科技？普华永道2016年曾推出一个重磅报告《决定未来的八大核心科技》，这份报告最大的价值不仅在于给出了对企业影响最显著的八大核心科技，还在于指出了它们究竟影响了哪些层面，起到了什么作用，同时又向我们提示了解法。

这重要的八大核心科技如下所示。

**1. 人工智能（AI）**

软件算法能够执行通常需要人类智力才能完成的任务，如视觉感知、语音识别、决策制订以及语言翻译。人工智能是一种“伞”式概念，由多个子域构成，如侧重程序开发的机器学习，在获取特定数量的新数据时，该程序启动自我学习、理解、推理、计划和行动（即变得更为“智能”）。

**2. 增强现实技术（AR）**

通过叠加图像和/或音频，对现实世界的信息或视觉进行补充，进而提升用户对于任务或产品的体验。对现实世界的“增强”是通过辅助设备演示上述信息。AR 与虚拟现实（VR）完全不同，后者的设计与使用理念是在一个受限的体验环境中重造现实。

**3. 区块链**

分布式电子账本，利用软件算法记录并确认交易，可靠且匿名。交易记录由多方共享，信息一旦进入区块链便无法修改，下游链条巩固上游交易。

**4. 无人机**

空中或水域里的设备和运载工具，如无人驾驶飞机，无须人类在机上操作飞行或移动。无人机可在预设路线上通过机载计算机实行自动操作，或对其进行远程控制（和无人驾驶车辆不同）。

**5. 物联网**

物品（如设备、车辆等）网络与传感器、软件、网络连通和计算能力相结合，在互联网上采集和交换数据。物联网使得物品能够实现相互连接、远程监控或控制。物联网一词现代表任何可通过联网实现相互“连接”并获得准入的设备。工业物联网是物联网的一个分支，是物联网在制造业和工业方面的运用。

**6. 机器人**

机电设备或虚拟代理自主或按照预设指示（通常是计算机程序）自动操作、强化或协助人类活动（无人机也属于机器人，但我们将它们视为不同的技术）。

**7. 虚拟现实技术（VR）**

计算机生成模拟的三维图像或完整场景，其空间受到一定限制（这点和 AR 不同），观众可以以现实的方式与其进行互动。虚拟现实是一种身临其境的体验，通常需要佩戴设备，最常用的是头盔/耳机。

**8. 3D 打印**

一种添加物制造技术，以数字模型为基础，通过对物体进行切片并逐层打印创造三维物体。3D 打印靠的是创新型“墨汁”，其打印原材料包括塑料、金属以及最近出现的玻璃和木材。

从上面列举的八大核心科技来看，中国已经有很多科技创业企业在提前布局，比如大疆无人机等企业，甚至已经取得国际领先的地位。

## 案例复盘及启示

### 1 号签，打造高科技电子签约产品

如果可以用两个字简单地形容“1 号签”创始人李晓明博士，我愿意用“务实”这个词。她坦率地讲到，自己现在不是很愿意发声，不想自己的声量大过实际行动，她想用成果和成品说话。

但是实际上，李晓明带着“1 号签”已经耕耘出大片秋田。职业生涯一开始，李晓明就有自己明确的目标。

1999 年北京航空航天大学博士毕业，李晓明选择进入巨龙通讯。在巨龙通讯仅仅两年多的时间，李晓明就从工程师做到项目经理、部门经理，直到最后事业部的总经理，同时产品也被她成功地推向了市场。

后来她跳槽去“天融信”的时候，总裁拿出三个职位给李晓明挑，在“天融信”从总裁的技术助理做到后来的运营副总裁，达到了职业的天花板，那是 2006 年，李晓明决定，可以考虑开始创业了。

第一次创业全凭一腔热情，行业、时机、资源的匹配度全部没有考虑周全，加上对现金流毫无控制措施，李晓明的第一次创业以彻底的失败告终。在第一次创业失败后，李晓

明打了一年的工，积累了一些资金。好朋友看到李晓明资源那么丰富就极力鼓励她自己创业，但是由于第一次失败的创业经历，李晓明内心其实不是很相信自己。

李晓明这一次创业又回到了网络安全与防泄密这个她所熟悉的领域，所以没有再失败，她也赚到了人生的第一桶金。但是接着的困惑又来了，尽管赚到了钱，李晓明感觉自己的能力也就用了十分之一，没有大的平台想飞起来还不是那么容易。

积累了一定的资金后，2014 年，对自己依然不满意的李晓明决定移居海外。刚去不久，她师兄就在 QQ 里对她说“可惜了，一个人才被浪费了”。

后来阴差阳错，2015 年李晓明又回国了，没过几天，她在国外的一个好朋友找到她，请她做电子签约的中国市场。李晓明很熟悉这个项目，在 2010 年她曾经帮助过这个好朋友做了大量的调研，出了很多的主意。只是在当时国内的各种时机还不对。起初李晓明非常抗拒，如果为了钱，她认为自己没有必要再创业，经过了第一次、第二次创业，她太知道一个公司从 0 到 1，从零客户做到业绩一点点起来，要经历多少的心理煎熬。

琢磨，不断琢磨，这是李晓明最爱用的词。为了满足

《电子签名法》的三要素，做到身份验证、防篡改、防抵赖，“1号签”团队不是简单地模仿别的竞品，要求客户上传身份证信息，而是根据不同的用户场景设置不一样等级的要求。100元押金条的签字场景和签署一份百万元合同的场景显然要求是不一样的。

除此之外，了解到用户关心数据的私密性问题，“1号签”结合中国金融认证中心的算法，做到了第三方平台无法获得加密秘钥从而无法解开加密文档，同时在签名与印章的版权控制上也使用了独到算法……

为了让产品达到团队认可的目标，她没有急于去大范围找客户，而是再次打磨产品，直到2015年8月8日，“1号签”重新亮相。在2015年，“1号签”获得了“中华之梦”创业大赛前20名，2016年3月，“1号签”拿到了近千万元的天使轮资金。

与其他创业者和投资人之间斗智斗勇的桥段不同，在确定投资后，当时投资人原话是这么说的“你们好好工作，不用为钱操心”。不得不说，这确实是一个让投资人放心的公司，不管是公司负责人，还是团队成员，又或者是产品的市场容量。

就拿李晓明来讲，做很多重大决策时，她都会有两手准备。当初在准备融资的时候，李晓明和团队也做了精准的预算，计算了每一步动作需要多少资金投入，融资的数额并不是信口开河，面对资本寒冬又恰是快过年的时期，团队做了两套方案，如果融不到预期目标，只融到一半的话该怎么生存，又能挺多久。

如今的“1号签”团队已经有近20人，除了创始团队全部毕业于名校，而且普遍员工在过去近十年的履历里有着各自成功的经历外，2016年，云计算安全专家和密码学专家北京航空航天大学的伍前红博导，这个在欧盟工作过7年的专家也被李晓明务实的工作作风打动，加入了“1号签”，把最前沿的技术输送到这个产品中。

在当今创业大潮中，像“1号签”这样科技驱动型的公司无疑是走得十分扎实的，也获得了投资人的认可，走上了快速发展之路。

## 成长充电站：下一个十年是中国的科技创新时代

“一群中国人没日没夜装配iPhone送到美国，再由一群中国人没日没夜排队买下送回中国，最后以这两群中国人都出不起的价钱卖给另一群中国人，于是装配工人有工作，排队工人有收入，有钱的买家也交了大笔‘奢侈税’。”

近十年以来，每到苹果公司推出新产品的时候，我们经常会看到很多人排队购买。

一个产品，美国人赚90%的利润，中国人赚10%的利润，这是中国改革开放30年来创新创业最生动的写照，也是中国创新创业的隐痛。

为什么苹果手机会成功？苹果公司推出了智能手机并抓住了智能手机发展的机遇，颠覆了原来功能机的品质和客户感受，利用不断的科技创新把产品品质做到了极致，真正推动了行业的发展，自身也获得了超额的利润。

上一个十年，中国创业以商业模式创新为主，然而最近几年，这些新兴领域的发展以及模式的创新相继遇到瓶颈，尤其是以烧钱、补贴为主的规模性快速扩张模式不再受到广泛认同和追捧，创业团队和资本市场都在寻找新的增量，科技初创企业逐渐回归技术创新的本质。

从历史上看，中国出现的真正以核心技术创新的企业数目仍然不多，中国尚未大量涌现出与微软、Intel、Cisco、Oracle、EMC、MobileEye、Tesla等类似的企业。随着全球范围核心技术的成熟和与中国市场的迅速对接，这个现象即将发生改变。

国内资本、创新环境的成熟提升了新兴科技产业化的速度，拉动了其规模。一方面，国内科技行业收购和合并活跃；另一方面，国内资本市场近年出台的新三板、注册制等新政策，创造出了更多公开市场的退出机会。这些都为科技创业提供了前所未有的机遇和前景。

## 创业路上的小诗

### 拙朴

竹器藏竹屋，石佛伴石烛。

朴拙淡茶煮，长空云天渡。

王国维说人生有三种境界：“古今之成大事业、大学问者，必经过三种之境界：‘昨夜西风凋碧树，独上高楼，望尽天涯路’此第一境界也。‘衣带渐宽终不悔，为伊消得人憔悴。’此第二境界也。‘众里寻他千百度，蓦然回首，那人却在灯火阑珊处。’此第三境界也。”

科技创新是一条艰难的道路，需要耐得住寂寞，守得住拙朴。

# 第二章

# 创新驱动

一个企业的内部驱动力，主要来自于内部创新和内部管理层对公司核心战略的推进。

# 中国缺的不是智能制造，而是智能创造

干货点评：

> 我觉得大家需要思考，解决我们痛点的叫智能，没有解决我们痛点的叫“垃圾”。

对于时代来说，创新是这个时代的本质，为什么要创新呢？创新是为了解决人的需求，解决企业的需求，解决国家的需求。因此，如何准确把握用户需求显得尤其重要。

## 创新不是堆积和模仿

创业者可能觉得某条“蛇”很好看，那么他也做了一条“蛇”出来，为了所谓的创新，他可能会在旁边添上很多

“足”，但这根本就不是创新。只有把这条“蛇”变成“龙”，跟原来的“蛇”有了区别，才是真正的创新。

现在很多人在追风口，风口这个趋势没有问题，但追风口却是错的。起风了，往往你追的时候，实际上你做的创新是假的。现在有些创业者跟我说“王总，你看我们新做了一个 APP 在手机上”，这其实是传统的思维方式，但很多人还会认为这是创新。我说，“在风口来临之时，盲目从众，不断地模仿别人，最终只会造成画蛇添足的现象。”

## 贴近科技贴近刚需

产品端的创新将会引领中国的未来。这就像农村的老太太绣花，如果这花绣在普通的枕头上，可能就值十元，但如果把它绣在皇家的枕头上，那可能价值就会翻了上千倍。自家的产品别人愿意买，不管是从工业设计还是从工艺、核心技术，你要有独特的东西才可能战胜全世界的竞争对手。通过产品的渠道创新、设计创新将能进一步提高盈利，使企业“活”下去。

现在很多人在谈智能制造，有一天，一个投资人和我说，他们家完全智能化了：扫地用机器人、刷碗用机器人、唱歌和跳舞用机器人，我当时就在想咱们对机器人有点看低了。那么机器人应该解决什么？应该解决我们身边真正的问题，比如机器人能不能让肌肉萎缩的人重新站起来，能不能到战场去打仗，能不能到太空去做一些探索。

## 智能制造和 VR 的问题

其实中国缺的不是智能制造，而是智能创造。中国的智能是不是用户真正想要的、理解的智能，需要探讨，VR（虚拟现实）、AR（增强现实）用偏了，没有解决身边刚需。好的创业项目的核心是真正地解决一个需求而不是追风口。我不认为风口这个概念是对的，风口很多是投机，风吹来的时候，很多年轻人追风口，容易死掉。

大家经常见 VR，有一个很笨重的眼镜，如果一个人想体验虚拟世界的生活，戴着几斤重的眼镜能体验好吗？创业者要考虑让客户体验舒服。我不反对 VR 的方向，但是我认为 VR 不只是戴个眼镜。

智能产品被大多数人当作简单的功能堆砌，成为伪智能，比如手环，仅仅测试血压和心跳，忽视其他健康因素，天天看这些数据人容易烦。VR 技术如果做得很深是能够解决一定的问题，比如用在医疗上，或用在特殊行业，这对技术的要求很高。

在2016年年初，暴风魔镜宣布获得2.4亿元融资的时候，没有人会想到，10个月后据消息称，国内VR圈内也曝出该公司大规模裁员的消息，有媒体第一时间做了披露，速度和裁员幅度之大让业内震惊。针对裁员，暴风魔镜的回应并不令人信服，围绕在这家VR行业“巨头”身上的争议依旧未停止，而由此引发了市场对整个VR产业的质疑。

而另外一家著名基金合伙人前不久被员工在公司门口拉横幅讨债维权，该员工来自众景视界，一家成立于2014年的AR/VR硬件创业公司，于2016年4月12日发布了首款AR运动智能眼镜AlfaReal。

虽然这两家公司的情况不能代表整个国内VR行业，但也从客观上说明了国内VR圈子的混乱和浮躁。

## 解决痛点的叫智能，否则是“垃圾”

我觉得大家需要思考，解决我们痛点的叫智能，没有解决我们痛点的叫“垃圾”。我给我母亲买手机，她的视力不太好，她要买一款很简单的，能拨号，能看见来电显示的手机，我到处找都没有符合我的要求的，很遗憾。

什么是真正的创造？有个概念就叫创造？体验的场景能不能解决真正的痛点？我觉得确实要思考什么是智能，什么是创造，中国有些事情做得比别人快，但在创造方面我们还要下点功夫。

## 模式创新时代即将终结，品质创新时代已经到来

干货点评：

> 任何一个创新都需要扎扎实实的创业。通过两三个创始人和五六个员工，一点点把事情做起来。创业的核心不是纯形式的东西，更多的是关注自己创业的内容，是不是真的能够成为某一个行业的引领者。

过去我们喜欢模式创新，但是如果我们只做模式创新，大家披着创新的外衣，做的产品本身没有任何改变，其实没有太大的意义。

我认为，中国创投领域模式创新的时代即将终结，品质

创新时代已经到来。实际上品质创新包含两种，一种是服务型的软性创新，另一种是硬科技或者叫产品创新。品质创新实际上比简单的模式创新要更难：一是时间上花费的可能更多；二是需要更多对未来的战略思考才能走得更远。

## 品质创新中有两个概念："草根经济"和"中产经济"

我们需要的品质创新是一个从草根经济到中产经济提升的过程。"草根经济"并不是指这种经济不行，这里面一方面是指早期大部分的消费用户是"草根"；另一方面是指抓住大众用户心理的是草根经济产品。

我们现在处于一个"贸易 + 制造"代工的成熟阶段，一个杯子在中国生产是 10 元钱，大部分创业者选择的创业就是探索如何在这 10 元钱里分钱，讨论这里面的天花板，分割市场蛋糕，这个概念是错的。不管是互联网创业，还是淘宝模式，实际上是压低了所有供应链的利润空间。

这是中国制造的一个瓶颈，简单地讲，大家已经把天花板设置好了，这种互联网模式对于我们来说是不好的，这只是草根经济的创新。从早期来说，这种创新是可以的，也的确能够解决一些问题，但这不是我们最终需要的。我们很多的代工产品，加工完了以后，美国人赚的是 10 ~ 100 元的利润，我们更多的是要在 10 ~ 100 元这个区间去创新。通过资本的通道和产业升级的方式，提升天花板的高度，解决中产阶级群体的刚性需求，提供个性化的体验，品质得到真正提升。

有一个著名的智能手机原来卖3 000 元并号称不降价，后来却大幅降价，引起很多争议，其实原因就是没有值3 000 元的内容去支撑这个手机不降价。为什么苹果手机会成功？苹果公司把这么多年的好内容填到手机里，才能颠覆，所以核心还是内容的颠覆。

如果我们的创新创业只是围绕着草根经济、草根群体去讨论，这就好比是吃柚子，我们一直在柚子皮里创新，没有吃到柚子肉。而“双创”的意义在于精致制造，引领用户群体和产品从“草根经济”到“中产经济”的品质创新，我们不能只是在地表面，要去深挖创新。

## 任何一个创新都需要扎扎实实的创业

有很多创业者喜欢做一些大而全的模式，之前参加一个活动，有一个人演讲的时候说，“我会成为互联网创新中文化、影视、媒体的 NO.1”，我说“你现在几个人?”他说“五个人”。创新创业应该抓一个细分的领域，比如个人对生活的需求、工业产品对企业的需求。

为什么很多机构喜欢投互联网模式创新的企业?很多投资经理喜欢看创业企业的财务报表和流水。“独角兽”公司是这么投出来的吗?不见得。“独角兽”需要一定的时间，想成为“独角兽”首先要耐得住寂寞。未来最有希望产生“独角兽”的细分领域是什么?文化、体育、健康，这些领域里的创新需要我们重点关注。

任何一个创新都需要扎扎实实的创业。通过两三个创始人和五六个员工，一点一点把事情做起来。创业的核心不是纯形式的东西，更多的是关注自己创业的内容，是不是真的能够成为某一个行业的引领者。

创业不但要有创新思维，也要有一个执着坚持的过程。比如 BAT（百度、阿里巴巴、腾讯），当年都差一点卖掉，任何一个创新都可能经历艰难的过程，只有不断地耕耘才能够解决问题。在不断地前行过程中才产生一个真正的盈利模式和创新模式，特别是跟互联网紧密相关的模式。所以创业一定要落到地面上做事情，这样的话可能更扎实。我们现在看一些项目，也喜欢扎扎实实的项目，特别是做一些高端制造、科技创新、有核心竞争力的。

做任何事情没有人才是做不了的，当一个模式、一个赛道有很多人在做的时候，最后投资人一定会问是哪几个人在做、谁来做。拼的是什么？拼的是创始人和团队人才。

前一段我去广州谈到一个观点，很多人思维模式停留在贸易阶段：买和卖。希望今天创造一个想法明天就能变现，后天成为一个上市公司。如果这样急功近利地去做创新创业很难成功。希望更多的公司关注人才的培养，把更多的员工打造成具有工匠精神的创新型人才，这样我们创新创业的事业才能有足够的人才支撑走下去。怎么样培养更多的具有工匠精神的人才？我觉得应该更多的关注职业技术人才的培养，而且这方面人才的培训可能是未来盈利很好的创业项目。

# 种下一片创新的“热带雨林”

**干货点评：**

> 打造热带雨林的核心其实是人的因素，是如何降低人们之间的信任成本，打破创业者之间的心墙。

在我的上一本书《创业生存法则》中，有一章写的是对国内外孵化器发展模式的思考，其中有一篇是如何打造中国的硅谷，我希望通过不断的努力，能够把洪泰创新空间变成中国的硅谷，帮助越来越多的创业者。

随着中国创新创业大潮的兴起，越来越多的中国创业者和投资人蜂拥至硅谷，或参观，或学习，或投资，或“朝圣”，俨然成为创业圈的一种时尚。

## 为什么硅谷是独一无二的创业圣地

为什么美国甚至地球上只有一个硅谷？不管是来这里考察的官员，还是不远万里追梦的中国合伙人，抑或是带着大笔资金前来淘金的投资人，都难免产生这样的困惑。

不只是中国，世界上还有很多国家和地区都试图模仿硅谷，梦想着打造能够孵化伟大公司的创业园和孵化器，但却鲜有成功者。其实他们欠缺的并不是资金和人才，而是一个能让各方利益共赢的生态圈。

充足的资金、大量的人才，在世界上很多地区都具备，然而硅谷依然只有一个，比钱多和人多更重要的是，硅谷有一个良好的创业氛围和文化：轻松的办公室环境和氛围，离办公桌几步之遥的免费食物和饮料，各种面向创业者的创业课程和活动，强大而有创造力的人脉网络以及不设限制、不怕失败带给创业者的自由精神。

硅谷风险投资人维克多·黄（Victor W. Hwang）和格雷格·霍洛维茨（Greg Horowitt）的新书《硅谷生态圈：创新的雨林法则》就试图回答这个问题：仅仅复制一个谷歌、一个雅虎？培养一个乔布斯、一个扎克伯格？这些都是远远不够的。

最成功的模式是构建一个生机勃勃的热带雨林。雨林给我们的最大启示就是千万不要忽视“野草”！在雨林中，一棵像野草的植物极有可能是整个生态环境中最有价值的新植物。今天的“野草”可能就是明天的“参天大树”，千万不要把那些特立独行的创新想法扼杀在摇篮中！

所以硅谷不只是一个单纯的物理地点，更是一种开放创新的思维方式。这种思维方式是不要去控制一些想法，让它自然生长，完全不可预测最终结果是什么，如果想要在中国复制硅谷的成功，关键要复制这种思维方式。

这就是我离开“SOHO 中国”，创办洪泰创新空间的原因。因为只有在一个全新的、开放的、自由的创新空间中，创业者才能打破各种壁垒，碰撞出各种自由创新的火花。

## WeWork 模式在中国并不适用

在中国想要打造这样的创新空间需要整合很多资源，而二十多年的工作经验告诉我，我有资源整合的能力，而且，我会把我的优势放大。我原来是做商业地产的，“SOHO 中国”里面入驻的都是中小企业，而我又是负责营销的，所以如果一定要给我贴上标签的话，我是中国创投圈做商业地产、做营销，同时又为中小企业服务的第一人，我想把这些年的积累分享出来，帮助那些还没有足够资源和人脉的创业者。

现在很多创新空间的附加服务其实有点过多。创业者进入众创空间，真正需要的是放大自己的创业属性，我们要把他们的这种创业属性激活，打造循环的、良性的生态链。现在人人都说要打造分享经济模式，其实分享经济就是资源的颠覆和重构，将线性布局变为网状布局，这个网状是能承载人的，是能创造很多价值的。

虽然国内的众创空间多师从于美国的 WeWork，但考虑到中美两国不同的市场环境，完全沿用 WeWork 模式并不能在中国创客市场中脱颖而出。美国有相对健全的创业教育体系和创业融资体系，在这种大环境下，WeWork 只是用折扣价格租下整层写字楼，然后分隔成单独的办公空间，出租给初创企业和小公司，同时提供一些社交、安保、前台、宽带、打印等基础服务，这样就赢得了很好的市场回报率。

WeWork 的定位很精准，就是解决小企业办公的需求，严格来说是附带了一点创业服务的二房东，而中国孵化器需要解决的是创业服务的需求，这是两种不同的定位。

中国的孵化器应该将自己所有的资源，放在同一个平台上，分享给创业者，应该像一块吸铁石，让更多的创业者自然而然聚集到资源集中的地方，而这种模式将是未来众创空间的新模式。大家不再闷头只做自己的东西，而是将资源共享出来一起合作。这是众创空间下的合伙制，每个人都是合伙人，都在陪伴创业者一同成长。

打造热带雨林的核心其实是人的因素，是如何降低人们之间的信任成本，打破创业者之间的心墙。在传统的办公空间里，包括一些新型的办公空间，创业者实际上是独立的，是分隔开的，人和人之间其实是有鸿沟的，而只有信任可以降低创业者之间的鸿沟。

## 解决创业者的孤独感是孵化器存在的重要使命

创业者很孤独，两三个人组成一个团队，他们在这个城市里没有力量，而创业孵化器除了满足他们商业模式的成长需要以外，还要满足他们的精神需求。所以解决创业者的孤独感也是孵化器存在的重要属性。

孵化器里很重要的概念是交流，交流的同时有精神的安慰和支撑，所以中国的创业孵化器应该多做创业服务社区，让创业者感觉到像一个社区一样，交流就是孵化器带给创业者的力量。

# 案例复盘及启示

## 车云网：中国第一个汽车科技媒体

车云网成立于2013年，主要对汽车的智能化、互联网、电动化趋势进行报道。2016年7月28日下午，车云创新战略发布会在北京举行，车云网创始人程李宣布完成山行资本A轮融资。

## 第一个汽车科技媒体的三大战略

在发布会上，车云网创始人程李公布了未来的三大战略，包括内容提升计划、数据产品，以及更丰富的产业链服务。此外，车云网线下活动LINC汽车创业大赛2016年将升级为“C2016汽车交通创新创业季”。

程李在演讲中提到，创业三年之后，车云网将从“新”出发，寻找更大的战略支点来撬动三年前的梦想和使命，“让全产业链每一个创新个体，都可以在车云平台上得到传播、找到资源、拥有收获”。

## 山行资本看好垂直细分媒体

山行资本合伙人徐诗在发布会上提到，在汽车黑科技和移动互联的冲击下，汽车产业的发展会超乎想象。而当一个行业发生巨变的时候，媒体的存在，媒体的思考，会变得异常重要，垂直细分媒体车云网作为见证者和参与者，会有更多独特的发展和商业化的机会，这也是山行资本看好车云网的原因。

正是因为看好车云网创新的能力，我先一步向车云网伸出橄榄枝：2016 年 1 月 6 日，车云网获得洪泰创新空间战略投资，双方达成战略合作，将通过建立中国汽车创新创业基地、未来汽车创学院、中国汽车创新创业发展基金，并深度合作 LINC 汽车创业大赛等，整合互联网、地产、汽车、风险投资基金、创业孵化器等多领域资源，全面发力汽车行业，打造中国最强汽车创业垂直生态。

## 车云网三大战略计划

程李透露，在完成 A 轮融资后，车云网将全力完成以下三大战略计划：

第一，内容提升计划。基于用户需求的不断变化，车云网将丰富媒体内容的表现形态，2016 年下半年重点推出视频版块。此外，2014 年，车云网还出版了车联网领域非学术性专著，2016 年下半年，一本关于智能汽车的书籍也将出版。

第二，打造全国首家从技术角度全方位评估车型创新力度的产品。通过车云网过去三年在汽车科技领域里的专业积累，在汽车智能化、互联化、电动化的细分领域内，重新定义消费者对于汽车的认知。

第三，推出更丰富的产业链服务。2016 年以来，车云网先后与洪泰创新空间、上海安亭国际汽车城、武汉经济技术开发区、AutoSpace 达成战略合作，并推出 Tech-in 会务品牌，线下活动 LINC 2016 也于发布会当天正式启动。程李介绍，这些举措都是为了让资源更透明，让商业更高效，让链接更精准。

## 车云网的故事正在延伸

作为车云网产品及服务的重要组成部分，LINC 汽车创业大赛也在 2016 年迎来全新升级，更名为“2016 汽车交通创新创业季”。车云网合伙人、运营总监梁楠介绍说，LINC 举办两年以来，决赛项目的融资成功率高达 42%，已经成为中国汽车行业最高效的模式、产品、技术孵化平台，“此次升级之后，除了创业公司和投资人，产业链上更多的角色也可以参与进来，并且有机会得到充分的展示和对接”。

此外，车云网将于 2016 年 12 月中旬举办 LINC + Carsmas Day 全球汽车创客嘉年华，不但有创业总决赛，还将设置全球创客巅峰对话、跨界论坛、汽车科技产品首发会以及创意产品体验集市等。

从车云网的发展历程来看，这是一家典型的创新驱动型企业，已经完全不同于一般的垂直媒体发展思路，车云网已然变成垂直于汽车领域的孵化器和资本，走上了一条创新发展的超越之路。

## 成长充电站：执行力的缺乏是创新最大的阻碍

先来看一个关于模仿和创新的故事。

傍晚陪爷爷散步，见不远处有一个美女，忍不住多看了两眼。

爷爷问："喜欢吗？"我不好意思地点点头。

爷爷又问："想要她的电话号码吗？"我瞬间脸红了。

爷爷说："看我的"，然后转身向美女走去。

几分钟后我的电话响了，里面传来一个甜美的声音："你好，你是×××吗？你爷爷迷路了，赶紧过来吧，我们在公园×××处。"

我听完后，默默将来电号码存下了……

这个故事有多重解读，有的人说，"天才是1%的灵感加上99%的汗水，但那1%的灵感是最重要的，甚至比那99%的汗水都要重要。"

而我的看法不同，我在这里看到的是执行力，一个好的点子最重要的是马上去行动，爷爷转身就去执行了，因为只有行动以后才能有结果。

每一个创业的人都是伟大的。我经常告诉我的同事，尊重每一个创业者，真诚对待每一个创业者，不要轻易去质疑每一个创业者的梦想和计划，不要做评论者，要做行动者。

创意和点子如果没有行动就等于0，没有任何价值，这个世界上动嘴的人太多，动手的人太少。所以，我们有了好的想法和计划，就要马上、立刻、快速地行动起来！

## 创业路上的小诗

### 长河

远山长河边，松柏白云间。

清雨润草庵，春雪落吉年。

晨来把书闲，静默亦淡然。

朴拙本无禅，行者路西天。

执行力就是，简单的事情重复做，创业除了要耐得住寂寞，守得了拙朴，还需要像去西天取经一样，去做。为之，难者亦易，不为，则易者亦难也！

第三章

# 产品驱动

苹果公司是最典型的产品驱动型公司，从当年的个人电脑、音乐播放器、手机、平板电脑，每一个新产品的出现都改变了整个垂直市场，甚至是人们的生活习惯。很多人说，国内的 BAT 里，腾讯是产品驱动，阿里是运营驱动，百度是技术驱动。确实，QQ 曾经改变了很多年轻人的社交习惯，而今天的我们，早已离不开微信。

# 创新创业经历的三个思维阶段

干货点评：

> 为什么很多互联网产品死亡了？我们抛开其他原因不讲，很大可能是人们对互联网的认知出现了问题。现在大家眼中的互联网成了一个假冒伪劣、急功近利的代名词。

## 如何买到一只好碗

有一个年轻人去买碗，来到店里，他顺手拿起一只碗，然后依次与其他碗轻轻撞击，碗与碗之间相碰时立即发出沉闷、浑浊的声响，他失望地摇摇头。

然后去试下一只碗……

他几乎挑遍了店里所有的碗，竟然没有一只令他满意的，就连老板捧出的自认为是店里的碗中精品，也被他摇着头失望地放回去了。

老板很是纳闷，问他老是拿手中的这只碗去碰别的碗是什么意思？他得意地告诉老板，这是一位长者告诉他的挑碗诀窍，当一只碗与另一只碗轻轻碰撞时，发出清脆、悦耳声响的，一定是只好碗。

老板恍然大悟，拿起一只碗递给他，笑着说："小伙子，你拿这只碗去试试，保管你能挑中自己心仪的碗。"

他半信半疑地依言行事。

奇怪！他手里拿着的每一只碗都在轻轻地碰撞下发出清脆的声响，他不明白这是怎么回事，惊问其详。

老板笑着说，道理很简单，你刚才拿来试碗的那只碗本身就是一只次品，你用它试碗，那声音必然浑浊，你想得到一只好碗，首先要保证自己拿的也是只好碗……

这个故事一方面提醒我们，就像一只碗与另一只碗的碰撞一样，一颗心与另一颗心的碰撞需要付出真诚才能发出清脆悦耳的响声。另一方面选择和思维很重要，创新创业这件事，也需要思维的改变和提升。

## 创新创业的三个思维转变

2016年以来，很多O2O互联网企业出现问题，这其中是有一些原因的，有大环境的影响，但真正决定生死的还是自身。我认为，从改革开放以来，创新创业走过了三个阶段，今天，已经进入精致制造的阶段，要求创业者一定要有匠人精神，将一个产品或者服务打磨到极致，做好准备，迎接下一个春天的到来。

第一个阶段是20世纪80年代初，那时候我们通常的做生意，用的是贸易思维，也是以贸易思维来看待中国整个经济和社会。那时候的贸易模式也简单，从一个地方拉点东西去另一个地方卖掉就是一次贸易。

第二个阶段是制造代工思维，是用一个月做成一个产品，用一年时间形成一个闭环，再做销售的思维模式。这个阶段，中国大多数企业就是代工厂，我们成为全世界最著名的制造基地，这个也是中国经济必须经历的一个过程。

第三个阶段是进入“大众创业、万众创新”以后的一新的时代，大家要用精致制造思维。我们用一年时间研究一件事情，通过十年再来打磨这个产品。

为什么很多互联网产品死亡了？我们抛开其他所有原因不讲，很大可能是人们对互联网的认知出现了问题。现在大家眼中的互联网成了假冒伪劣、急功近利的代名词。很多互联网方向的创业者今天做个 BP（商业计划书），明天拿到投资，后天就想进入下一轮融资，这难道是一个成功的创业者要做的事情吗？

很多人做装修时，买五金产品的首选都是德国产品，因为德国人是用十年做一个产品。而我们中国呢？是一年做一个产品，每年一个迭代，“迭代”这个词说不好听了就是每年制造一个“垃圾”。结果就是我们十年制造了十个垃圾，人家用十年做了一个好的产品，那我们怎么能追赶上别的国家？

所以我们要换一个思维方式来做事情，我们要用精致制造思维，如果你是一个企业家、创业者或者投资人，一定要有这个思维。

# 创业要有八级工的工匠精神

干货点评：

> 现在很多人拿几张 PPT、BP（商业计划书）到处找投资，很多创业者以是否融到钱来判断是否成功，我个人不是这么看，创业当然要找融资、找投资，但是更重要的是你要自己承担创业的责任，具备创业的工匠精神。

80 多岁的日本匠人用了 50 年的光阴，只为煮好一碗白米饭，一生的坚持都在打磨一种产品，这就是一种专注于自己产品和企业的工匠精神。中国的创业者要沉下来，人的心要沉下来，对产品的感觉要沉下来。

以前的工人有一级工、二级工到八级工，现在创业应该有从一级工做到八级工的精神，有踏踏实实长远的打算，当创业者的工匠精神达到八级工的时候，我认为创业会走得更远，创新也会走得更远。

## 中国不缺少互联网思维， 最缺精益求精

现在很多人拿几张 PPT、BP（商业计划书）到处找投资，很多创业者以是否融到钱来判断是否成功，我个人不这么看，创业当然要找融资、找投资，但是更重要的是你要自己承担创业的责任，具备创业的工匠精神。

创业者要学会坚守，把握自己的方向。但往往与他们不一样的是，资本希望越快看到盈利点越好。这就需要创业者具备脚踏实地的精神，不要怕慢，要经得起诱惑，耐得住寂寞。

有一些创业项目创始人，很少研究自己家的产品，也不会从用户角度去看自己的产品，整天在各种大会、各种创业节目里“刷脸”。很多创业公司的产品我用过后，都想问一句，你好意思推荐给亲朋好友吗？如果不是强制购买，你们公司的员工自己会用吗？会去买吗？如果连自己公司的员工

都不用自己的产品，你还指望它能热销?

很高兴的一件事是，现在年轻人的创业项目里追求工匠精神的越来越多了，最近在地铁里看到，中国原创家具电商平台“造作”的广告，非常不错，很多全球的设计师和国内本土精英设计师都参与了设计，产品质量非常好。

前一段时间我看了一个创业项目，是一个大学生刚毕业做的家具设计。他觉得现在家具行业很传统，竞争很激烈，他说他就想做一款简单的桌子，就想给“90后”、“85后”提供一个桌子，只做一个桌子。我就在想，垂直于做一款桌子的公司，对于在座的听众来讲，会不会对他信任度加强。年轻人如果有这个工匠精神，只做一款桌子，希望让全世界人用他做的桌子，他的创业状态、方向我是非常喜欢的，我喜欢那种工匠精神。

## 中国中产阶级为何蜂拥去日本买马桶盖

著名财经作家吴晓波写过一篇文章叫《中国中产为何蜂拥去日本买马桶盖》，里边有这样一段话：

“很多人买了吹风机，据说采用了纳米水离子技术，有女生当场做吹头发试验，‘吹过的半边头发果然蓬松顺滑，与往常不一样’；

很多人买了陶瓷菜刀，据说耐磨是普通钢的60倍，‘切肉切菜那叫一个爽，用不到以前一半的力气，轻松就可以把东西切得整整齐齐了’；

很多人买了保温杯，不锈钢真空双层保温，杯胆超镜面电解加工，不容易附着污垢，杯盖有LOCK安全锁扣，使密封效果更佳，这家企业做保温杯快有100年的历史了；

很多人买了电动牙刷，最新的一款采用了LED超声波技术，重量比德国的布朗轻一半，刷毛更柔顺，适合亚洲人口腔使用……”

想想在这个时代，中国人还要到日本去抢购马桶盖，实在是悲哀。日本丰田公司有一种独特的“年轮经营”理念，认定了目标就排除万难前进，不急不躁，步步为营，每前进一步都会为下一步的发展积累能量，如同树木的年轮一样成长，一旦到达一个节点就会爆发出巨大的力量。

现在很多人做产品、做创业、做投资都太短视，一个好的产品从来都不是短视的。就比如美国的迪士尼系列产品、日本的奥特曼系列产品，它们在这么长时间内受人喜欢并不是没有原因的。

一方面，它们产业链做得很好，确实在那个年代产品做得很好，影响深远，目前还在赚钱；另一方面，中国没有好的产品，上市公司玩收购，收购以后玩包装，没有深度去做产品，大家都在吹牛做资本。

中国的创业不能老是送东西，把一件商品从东送到西，从南送到北。这些对于国家的发展，对国家的经济，对所有人的生活没有本质的改变。我更希望看到的是一些伟大的人在做一些伟大的事情，哪怕只是造出了一个圆珠笔头，也很伟大。

# 用户是推动产品的第一生产力

**干货点评：**

> 优质的产品是公司长远发展的唯一途径。好的产品自己会说话，如果没有一款用户爱不释手的产品，你必然会以失败告终。记住，如果没有好产品，谁都救不了你。

关于产品驱动公司成长的话题，我在“2016 年腾讯开放春季发布会”上，与硅谷创业加速器 Y Combinator（YC）的兼职合伙人 Adora 有过交流，我提出创业者要具有工匠精神，她认为成功的秘诀在于过硬的产品，这是所有成功公司拥有的唯一共性。

YC 曾经发布一个由其新掌门人萨姆·阿尔特曼（Sam Altman）撰写的《年度创业生存手册》，在这篇由阿尔法公社翻译的万字干货中，有一小节内容我认为值得每一个创业者仔细研读，特摘录如下：

如果没有一款用户爱不释手的产品，你必然会以失败告终。虽然许多创业者总想要点儿小聪明，但是创业的字典里唯独没有“捷径”二字。

优质的产品是公司长远发展的唯一途径。当公司逐渐做大，大到不能再依靠增长黑客，此时你只能靠产品自身的魅力来吸引用户，这就是有些公司能成为“独角兽”的原因，别无他法。参看那些技术创业公司中的独角兽，无一例外。

如果你想为你的产品构建一个“产品升级引擎”，那你首先要和用户沟通，看他们如何使用你的产品，找出产品缺陷，然后进行优化，如此往复。这个循环应是一个创业公司工作中的重中之重，这是一切其他工作的出发点。如果每周优化产品 5%，长此以往定会积累到质变。

这个周期循环得越快，公司就会成长得越快。在 YC 我们经常提醒创业者：除了吃饭、睡觉、锻炼、陪家人，其他所有的时间都应该花在用户身上。

这个周期的正确使用方式是你必须近距离接触用户，就是在他们使用你的产品时盯着他们看，如果能坐在他们办公室里更好，重视他们的反馈和观察他们的实际使用习惯。创始人和用户之间不应该设置任何第三方，保持这种零距离的关系越久越好，这就意味着创始人既要做销售，又要做客服等其他工作。

尽可能地去了解你的用户。找到用户的真正需求，知道如何与用户对接，掌握用户的反射点。

“要做就做不显眼的事情”似乎已成为创业者心照不宣的箴言。最初始的测试用户还真得一个一个地拉拢。作为Pinterest（美国著名视觉社交网站）创始人之一的本·希伯尔曼（Ben Silbermann）就曾在咖啡馆里随机招募了几个陌生人来试用他们的产品，然后根据需求开发产品。很多创始人试图跳过这个令他们头疼的过程，直接发布产品，结果收效甚微。手动获取用户，不断进行产品迭代，直到这些初始用户愿意将你的产品推荐给他们的朋友。

将你的工作无限细分，不断重复，随做随改。不要好高骛远，更不要把所有的东西都打包，一次性发布。事实上，第一版产品越简单越好，功能越少越好，发布得越快越好。大道至简，尽可能保持产品和公司的精简。

面对出现问题的初创公司，我们通常会问：用户是否使用你的产品超过一次？用户对你的产品是否已经达到了狂热的地步？如果你的公司破产，用户是否会难过？你的用户是否会主动向身边人推荐你的产品？如果是 B2B 公司，你是否已有至少 10 个付费客户？

如果答案是否，那么问题就出在产品上，这时我们会建议这些公司在产品上下功夫。我不相信任何初创公司给自己的停滞不前找的借口，说到底，本质问题就是产品不够好。

当初创公司不知道产品的下一步该怎么做，或者产品不够完善时，我们就直接让他们去找用户。虽然这不是把万能钥匙，但它能打开大多数的门。事实上，如果公司在任何问题上有分歧，都可以通过和用户沟通找到答案。

出类拔萃的创始人似乎对产品的质量过于挑剔，即便是对看似无伤大雅的细节也绝不放过，但这行之有效。再提一句，产品是公司和用户的交互平台，你要做的就是提供产品技术支持，做好销售体验。

记住，如果没有好产品，谁都救不了你。

# 滴滴出行与Uber中国合并，创业者最关心的应该是什么

干货点评：

> 创业者应该牢记“顾客至上”，这是每一个企业必须遵循的原则，离开了顾客，也就无所谓企业了，创业者一定要想清楚自己的价值在哪里，这才是最本质的。

## 对于滴滴出行和Uber中国合并的看法

滴滴出行和Uber中国合并，有很多创业者问我怎么看。有一种观点认为，滴滴出行走野蛮生长路子，Uber相对

高大上一点，Uber 员工内部流传着一句话，“我加入 Uber，不是为了成为滴滴的一部分”。也有不少人感叹，“不要把这个世界，让给我们看不起的人”。

另一种观点认为，滴滴出行在过去 4 年里 PK 掉 30 多家竞争对手，也许在和滴滴出行有关的心灵鸡汤文章里，你会了解滴滴出行的情怀。

2014 年年初，滴滴发起补贴大战，滴滴联合创始人张博和技术团队、腾讯云团队奋战在苏州街的银科大厦整整一周。团队有人出现了幻觉，大喊一声“地震了”，所有成员轰轰轰跑下楼，发现其他人都没感觉。

## 归根到底产生了什么价值

我看了很多的微信公众号，大部分在讨论类似于情怀、差异、估值的话题。可就算滴滴和 Uber 中国合并后估值5 000亿元，又能怎么样？严格来讲，合并不合并，和老百姓没有一毛钱关系，唯一有关系的，是给用户带来了什么？打车能更便宜吗？更方便吗？这才是核心！

我的同事告诉我，他以前回家打车 17 元，现在回家打车 26 元。如果真是这样，那滴滴和 Uber 中国的合并，对老百姓有没有价值，这个值得商榷。

两个企业竞争，老百姓受益最大。现在两家变一家，谁受益就不敢说了。这就跟做创业一样，我们为什么创业？是为了解决一些事情，满足一些需求，而不是供大家茶余饭后吹牛。

## 滴滴的服务还需要提升

2016 年 7 月底，我去了一趟长三角地区，用了三次滴滴，其中两次体验很差，这就是极度缺乏服务精神的表现。这家大公司至少在我的体验中没有感受到它打心眼里愿意为客户服务，也没有注意到乘客的反馈并及时响应。滴滴和 Uber 中国搞合并，过程中能做到服务提升，那我认为这是极有价值的，否则我们就要观察它对用户的价值何在。

中国需要的是品质服务，滴滴出行、快递、外卖这些行业都需要一些细分化的品质服务，更加关注人与人之间的末端服务，比如滴滴，可能车主距离乘客很远，需要一段时间才能赶过来，那这段时间，用户怎么处理呢？是取消订单，还是转移需求注意力？如果这个时候，平台有一个小游戏来转移用户的注意力，用户体验可能会好一点。

因此，这也需要一个第三方平台的存在，协调完善这些服务，以及做出面对困难和问题以后的解决方案，收集末端服务的反馈。

日本著名管理学家、经济评论家大前研一写过一本《专业主义》，他的“顾客至上”理论给我留下了深刻的印象，他认为，很多公司存在的价值最终都是服务于社会上的其他人。

### 牢记顾客至上

创业者应该牢记“顾客至上”，这是每一个企业必须遵循的原则，离开了顾客，也就无所谓企业了，这就要求创业公司在做重大决策的时候，始终要把顾客放在第一位，弄清楚究竟谁是自己的顾客，并为他们贡献自己的力量，提供最优质的服务。

滴滴出行和Uber中国的合并，带给我们一点思考：创业者一定要想清楚自己的价值在哪里，这才是最本质的。

## 案例复盘及启示

### 有粮网，打造极致农产品电商

有粮网是洪泰创新空间的明星项目，被IDG资本创始合伙人熊晓鸽赞誉为粮食界的“找钢网”。2015 年 9 月，安宾离开海南来到北京创业，从独自一人走进洪泰创新空间筹备以来，3 个月后获得天使轮投资，产品上线后，三个月的时间达到 4.3 亿元的交易额。

## 源于粮食流通的痛点

有粮网创始人安宾是东北人，是典型的粮食世家子弟：“我爷爷最早是粮库赶马车的，然后我爸爸在粮库里面上班，后来自己做生意，从事粮食贸易已有 30 年，我跟随我父亲做粮食生意也有 14 年了。”

长期从事粮食贸易生意让安宾深刻了解行业的痛点，他说，粮食贸易有三个痛点，即供销信息不畅、物流无跟踪、资金占用大，这也是所有大宗商品流通的痛点。一开始安宾对互联网并不是非常了解，但是他选择“ + 互联网”的方式很特别，原本居住在海南的他选择了进入北京洪泰创新空间创业。

## “互联网 + 粮食”的有粮网模式

2015 年 9 月，粮食贸易商安宾下定决心要“ + 互联网”，带着几百万元积蓄独闯北京，因为他清醒地知道，要“ + 互联网”，必须来北京。安宾说，北京是创业氛围最热、思想最领先、互联网人才最多的地方。

安宾一到北京，就选择在创新空间起步，当“十一”国庆长假，大多数人外出度假的时候，安宾在洪泰创新空间开始忙碌起来。他说，首先是找人，为了找人各种办法都用了，甚至于把一个猎头公司的业务经理挖过来做自己的人事主管，负责招聘。

有了团队，三个月后，安宾设想的产品模型开始浮出水面，准备开始寻找投资机构。一天，洪泰创新空间正在准备一场路演，看到工作人员在忙碌，得知有几十家投资机构参与后，安宾提出自己也想试试，洪泰创新空间将有粮网加入了路演名单。

这是有粮网第一次公开露面并明确提出，致力于解决传统粮食交易信息不对称问题，简化供需双方的交易流程，降低交易成本，打造全国最大的“互联网＋粮食”电商服务平台，充分发挥“互联网＋”的优势，将“互联网＋粮食＋物流＋金融”发挥到极致，为供需双方提供全方位交易保障服务。

正是在本次路演中，有粮网引起了我和多位投资人的注意，会后，洪泰创新空间决定战略孵化投资有粮网，随即有粮网又获得了星火金融的天使投资。

## 孵化器让有粮网更快、更稳

有粮网有三大业务：原粮流通信息发布及在线交易。信息不对称是粮食流通的基本痛点，减少供求信息的不对称，可以降低中间交易的成本；金融服务是粮食流通商的重要痛点，商家经常有大量资金周转缓慢，有粮网为有需求的信用等级高的平台用户提供贷款服务，帮助其资金周转；物流服务，这也是贸易商的巨大痛点，有粮网使运力、货源信息变得更透明，从而降低物流成本。

洪泰创新空间帮助有粮网进行发展脉络梳理，并与其签订了战略合作协议，确定了有粮网最终成长为强金融平台，双方携手，依托洪泰创新空间，以有粮网为龙头企业共同孵化粮食产业电商进行投资。洪泰创新空间利用各地空间，包括当地政府关系和资本关系，帮助有粮网进行业务拓展、融资、产业链上下游整合。

进入2016年后，有粮网获得平安银行数十亿元的授信，开始在全国拓展业务，三个月的时间达到4.3亿元的交易额。此时，洪泰创新空间已经在全国20个城市落地生根，有粮网也跟随洪泰创新空间的脚步，入驻了海南、广州、合肥、西安、厦门等地的洪泰创新空间，在全国开疆拓土。

## 洪泰创新空间助力有粮网快速覆盖全国

在我的引荐下，安宾曾与俞敏洪、盛希泰等多位投资界大咖进行面对面沟通。2016 年 6 月，在和 IDG 资本创始合伙人熊晓鸽会面时，熊晓鸽听完安宾对有粮网的介绍后，脱口而出，“这个模式很有意思，你们就是粮食界的找钢网啊!”

有粮网成为洪泰创新空间的明星项目后，得到了众多投资机构的关注和投资意向，有上市公司曾经想直接并购，大队人马进入洪泰创新空间实地考察调研，但是安宾最终选择了玖创资本和唯猎资本进入了 Pre-A 轮融资。

目前，有粮网已经入驻海口复兴城的洪泰创新空间和广州洪泰威谷创新空间，正在海南、安徽、辽宁、广东、陕西、上海、黑龙江等地开疆拓土。

## 成长充电站： 产品创新的几个误区

### 1. 伪需求，不是雪中送炭，而仅是锦上添花

没有真正找到用户的痛点，对用户来说，是可有可无的需求，比如 O2O 上门理发和足疗等。我认为，判断一个需求

是不是伪需求的一个很重要的标准就是它是不是刚需。初创企业一定要找到用户的痛点，找到刚需。

**2. 贪大求全，没有找到很好的切入点**

这个现象在初创企业中很常见，我们空间有一个做女性汽车用品的项目，一开始想做的事情很多，又是建平台又要做社群还要做产品，后来我们帮他们梳理后，从一个产品切入，才开始进入状态。

**3. 产品创新缺乏调查数据支持**

初创企业创始人很多是从自己的需求出发开发产品，缺乏大量的调查，比如我认识的一个很有名的创业公司CEO，他经历了十几次创业，都是从自己或者身边人碰到的需求开发产品，走了很多弯路，前十次有九次都失败了。

**4. 跟风和复制，假创新**

这个现象在互联网创业中比较多，主要是跟风和复制，在互联网行业，高成本创新，低成本复制，在知识产权保护不是很健全的时代，有个别公司因此取得了一些成功，这也形成了一些不好的风气。很多创业者看到一个新的产品出来后，马上跟进，稍微改动一下，就说是自己创新的，好比有一个人画了一条蛇，他在上面加一条腿，另一个人再加一条腿，对于这种所谓创新，我称其为画蛇添足。

## 创业路上的小诗

### 云边

石知风到处，海从云边过。
无在心里有，时空安静生。

“无名天地之始，有名万物之母。”从0到1、从无到有最难，这是真正意义上的创新，需要清空杂念，自我否定，自我清空。在纷繁复杂中归零，寻找创新的真谛。

第四章

# 商业模式驱动

美国的创业公司以科技驱动的居多，而中国的创业公司以商业模式驱动的居多，这也跟我们国家的科技实力和国情有关。虽然科技驱动是未来的趋势，但放眼创投圈，目前很多现象级的创业公司及其所在的行业还是商业模式驱动的，比如“奢瑞小黑裙”。

# 好的商业模式一定要回归常识

**干货点评：**

> 不管是什么行业，如果你能处理好增长和收支平衡，过了那个平衡点，就是赢家。

好的商业模式一定要回归常识，互联网不能成为急功近利的代名词。如果创业公司能处理好增长和收支平衡，过了那个平衡点，就是赢家。现在世界已经不一样了，投资圈回归冷静或者说是恐惧，投资人想要知道的，都是项目如何收支平衡，什么时间点能够盈利。

## “风口”是一种投机思维

自从雷军说过“站在风口上，连猪都能飞”这句名言后，“风口上的猪”已经被不少创业者奉为真理，在和创业者每天的早餐会上，经常有创业者问我，创业圈的下一个风口到底是什么？

每到这个时候，我就比较无奈，因为我对“风口”的说法很不认同。国家发展到现在，每个时期都有很多人在创业，在做没人做过的事情，为什么之前很少有人提“风口”的概念，其实机会一直都在，真正干事业的人，并不会去等风起，或者是随风落。

“风口”是一种充满投机思维的方式，如果大家都想找捷径而不是脚踏实地，每个人都是这种思维方式，那是很危险的。所以当创业者问我下一个“风口”是什么的时候，我只能告诉他们我不知道下一个“风口”是什么，也许“风口”根本就不曾存在，猪不应该飞在天上，应该在地上快跑。

## 回归常识

如果不是钻研如何做出有价值的产品和服务，总是自作聪明地想跟风借力，O2O 热就做 O2O，互联网金融热就跑去做互联网金融，根本不管自己是什么专业和背景，那想做“风口上的猪”比登天还难。

以 O2O 为例，那种靠地推、烧钱的模式就不符合常识。O2O 说白了，就是有些人为了显示自己的神秘性，搞了一个概念。其实真正 O2O 是反过来的，从线下端的 O 到线上端的 O，这个是正常的 O2O。我经常说空中扔几个炸弹跑了容易，打地面不容易。2015 年的大部分 O2O，是线上 APP“扔一个烟幕弹走人”，线下就死了，根本玩不转。

有新闻称 2016 年年底前美团二线及以下城市的市场推广将全部从自营转为代理，这意味着，此前的员工发展改进计划已经作废。一旦坐实，被强制离职的美团员工将可涉及 1 000 多个城市近 2 万人，裁员比例或可达到 50%。

不管美团大裁员新闻的真实性到底有多高，这场 O2O 的烧钱大战是彻底结束了，创业的商业模式无论曾经有多炫，终归还是要回归常识。

# 有一种行业，叫不是办公

干货点评：

> 我们的创新空间就是要打造一个独特的第三维度创业文化空间，既不是家，也不是办公室，而是一个能够找到解决问题办法的第三维度空间。

我个人一直有个想法，我们做的不该叫办公。行业叫什么，应该从提供的服务来判断。举个例子，你去理发店理发，尽管它开在写字楼里，它提供的是理发服务，不是办公。我们看一个行业，应该看地更深，我们提供的绝不仅是一张桌子，所以不应该叫办公。

所有的行业基本都在写字楼、商场里，能给每个行业都加“办公”两个字吗？为什么跟创业、投资有关的行业，非得加个“办公”？我们提供的是办公的升级产品，或者是一种服务。

滴滴是出租车公司吗？京东是一个百货商场吗？不能简单地这么说。现在我们进入一个新的时代，陈旧的概念无法定义新的事物。

大家都在谈未来，我们这个行业的未来是什么？肯定不是酒店，肯定不是二房东，如果把我们列为二房东，可能只看到脚边一米远的地方。很多人谈滴滴和Uber中国的合并，他们的合并给我们带来什么，是不是打车便宜了，是不是服务变好了？

我们要做的是服务体验。有很多投资人问我，这个行业的规则是什么，或者是我碰到一个创业者做这个行业，他连房地产是什么都不知道，他问我这能行吗？我说没关系，不知道房地产反而做得更好。如果只是想着租房子，提供的就是租房服务，服务种类会受限于你的认知。

现在有大地产商做创新办公，希望让他的品牌变得丰富，变得更具差异化，归根来说是地产中的一个小小链条，他做的东西跟我们是不一样的。

很多大投资家到硅谷找项目，为什么去硅谷找？为什么硅谷有好项目？这是我们要解决的问题。我们应该明白，能不能给别人提供好的项目，能不能给创业者提供他们要的东西，关系到核心竞争力。而现在最关键的问题是，我们能不能提供我们自己的内容和产品。

## 打造第三维度创业空间

在一次地产创新论坛上，我提过两个观点，地产面临的不是价格问题，面临的一个是服务问题，一个是内容问题。如果这两个都解决不了，想颠覆房地产，想颠覆老百姓对地产的印象那是痴人说梦，从这个答案大家可以判断，你到底想做什么。

我个人认为，我们要做一个让创业者主动选择的地方，如星巴克这样的模式，我们为什么到星巴克去，是为了喝咖啡吗？

“我不在办公室，就在星巴克，我不在星巴克，就在去星巴克的路上。”星巴克表面上只是提供一杯咖啡，实际上更多的是给用户带来第三维度生活空间的体验。酒店表面上只是提供一张床，实际上是解决外来人群融入当地城市文化生活的第三维度空间。我们的创新空间就是要打造一个独特的第三维度创业文化空间，既不是家，也不是办公室，而是一个能够找到解决问题办法的第三维度空间。

创业空间是个平台，你真的只是需要钱吗？现在我们很多项目是被追着投钱的。我们创业者到底要什么？

我们能提供的核心是什么？如果我们提供不了创业者要的东西，他一定会离开的。为什么投资人去硅谷？因为硅谷给我们提供了要素，这些也是我们要做的。

我认为默默地耕耘、深耕，是这个时代最缺乏的品质。踏踏实实为创业者提供好每一天的服务就是最珍贵的。

# 连接产生价值："产业 + 双创"将开创新时代

干货点评：

> "产业 + 互联网"的商业模式是一个新时代的开始，是对互联网思维更丰富的解读，也是代表未来的"90 后"年轻人，与上一代企业家很好的一个衔接点，所以一定有非常光明的未来。

"仰望星空，脚踏实地"，这是温家宝总理对大学生的寄语，我认为送给我们每一位创业者依然非常合适。

## 攻克一点，放眼全局

古今中外，每一个创新创业者都是从一个很小的点切入，这就要求我们脚踏实地。当我们集中精力攻克一点后，一定要放眼全局，密切关注全球产业发展的大势，将我们的创新创业和整个产业结合起来，迅速地嫁接最强大的资源，出击最广阔的市场，这就需要我们仰望星空。

华为创始人任正非有一句很有名的话："华为选择了通信行业，这个行业比较窄，市场规模没那么大，面对的又是世界级的竞争对手，我们没有别的选择，只有聚焦，只能集中配置资源朝着一个方向前进，犹如部队攻城，选择薄弱环节，尖刀队在城墙上先撕开一个口子，两翼的部队蜂拥而上，把这个口子从两边快速拉开，千军万马压过去，不断扫除前进中的障碍，最终形成不可阻挡的潮流，将缺口冲成了大道，城就是你的了。"

任正非说这就是华为人的"傻干"！我认为这恰恰是华为人的聪明，创新创业正需要这种作风，为什么华为能在强手如林的市场中生存，不断创新，根本原因就在于此：撕开一个口子，深耕通信产业，最终冲到了整个产业的最前头。

纵观全球跨国企业发展史，几乎每一个伟大创业公司都不是来自于正规军，而几乎都来自于游击队，但不是每一支游击队都能成长为集团军，只有那些心怀天下，深入产业引领产业发展的，才能最终成就大业。

## 广州的机会在于“产业＋双创”

前一段时间广州洪泰威谷创新空间开业的时候，我接受媒体采访时就谈到，广州的机会在于“产业＋双创”。

为什么呢？我认为首先，广州是中国产业基础最深厚的地方，放眼全中国，乃至全世界，广州有很深的产业基础，很广泛的产业基本在广州的沃土上。其次，广州是价值洼地，它的价值被低估，创业的成本是所有一线城市中成本最低的。最后，人才极其丰厚，广州有南方最著名的中山大学。

此外，广东经过三十多年改革开放，中国经济从中国制造转型进入中国创造，我们几乎所有的产业都需要转型升级，广东还提出了“腾笼换鸟”的思路。

一个大企业要转型、要创新，是非常困难的，受到多种因素的桎梏，不论是大型国有企业，还是曾经无比辉煌的跨国公司，以及现在的BAT，都迫切需要灵活机动的创新。这样，就给我们的创新创业带来巨大的机遇。

大部分的创客，面临巨大的压力，生存成为首要目的，现实压迫自己必须短平快去挣钱，在处理短期目标和长期目标之间的平衡时，很容易改变初心。

“双创”是重组生产要素、组建和发展壮大企业的过程，需要创新创业者具有企业家精神和能力。有技术者不一定能组织和经营好一个企业，会经营者不一定拥有技术创新能力，创始团队不能有短板。

年轻人创业，相对资源缺乏，这就要求创始人一定要有战略眼光和合作意识。

## 传统产业孵出金蛋

一些传统行业与企业随着国内外市场变化需要转型升级，如粮食贸易、重化工业、传统制造业、建筑业等都存在严重的产能过剩、产品质量提升和“走出去”的问题。每一个传统行业的麻烦和痛苦，都是创新创业的机会。中国有无数的麻烦，就有无数的机会。

每一个人的创新创业一定要根植于对产业的深刻理解。从大的方向来看，在一、二线城市的“双创”主要应聚焦发展现代服务业和战略性新兴产业的研发、贸易等；三、四线城市及县城的“双创”主要应围绕战略新兴产业技术的产业化以及传统产业升级改造来进行；小城镇的“双创”主要应围绕特色旅游、商贸、农副产品加工和为农业服务来进行；

农村的“双创”应围绕农村和农业现代化来展开，在农业规模经营、农业产业化和新农村建设上下功夫。

“产业+双创”，这是这一波创新创业大潮的机会，也是洪泰创新空间的机会，单个创业者可能比较难切入到产业中去，但是洪泰创新空间作为一个平台，我们最重要的一个要素就是连接创业者，连接投资机构，连接相关各位创投服务机构，连接大型传统企业、产业，这是我们做这个平台最重要的意义。目前来看，洪泰创新空间的这种价值正在形成。

## 案例复盘及启示

### 小黑裙，商业模式成就黑色帝国

在千姿百态的连衣裙中，有一类连衣裙，它流行近百年，傲娇在时尚圈，它就是著名的“小黑裙”（Little Black Dress，缩写为 LBD）。Didier Ludot 在他的作品《The Little Black Dress》中写道：“没有小黑裙的女人就没有未来。”

SOIREE（奢瑞）在法语里意为“晚会”。“奢瑞小黑裙”成立于 2015 年，是一家只卖小黑裙的移动互联网服饰品牌，该品牌致力于打造一个全球设计师的小黑裙售卖平台。

## 小黑裙奇迹

一直以来，“奢瑞小黑裙”的定位都是一个设计师小黑裙集合平台。很多设计师都有一个小黑裙的梦，但是秉承与发扬匠人精神，全身心投入到该领域中的设计师并不多。对于有才华，但是不懂营销、不懂得如何宣传自己的设计师，“奢瑞小黑裙”希望为他们搭建一个纯粹的小黑裙售卖平台。通过该平台，把销售和营销方面的工作交给更专业的奢瑞来完成，从而让设计师们可以专注于做自己的设计工作。

一年以来，“奢瑞小黑裙”不断与全球设计师合作，以每月 4 次的上新速度，每周提供至少 7 款小黑裙，有时候甚至会推出 10～20 款。在全球设计师资源的支持下，“奢瑞”小黑裙更新换代的速度有目共睹，业界已经很难找到能在质量、数量与上新频率上同时超过该品牌的服装品牌。

2016 年 8 月，“奢瑞小黑裙”平台粉丝突破 700 万人，用短短一年的时间，“奢瑞小黑裙”创造了诸多的奇迹，蜚声业界内外。

## 粉丝经济

是怎样的魅力，让“奢瑞小黑裙”在短短时间里粉丝迅速增加到700万人以上？

### 第一，凭借代言人的认可

“奢瑞小黑裙”旨在做一个有格调、有情怀、有态度、有温度的设计师款小黑裙的互联网集合平台。作为一个只卖小黑裙的公司，品牌文化成为凝聚员工、打造核心竞争力的重要手段，也成为影响更多代言人，拉近公司与代言人、代言人与代言人之间距离的不二法门。在打造与宣传品牌文化上，“奢瑞小黑裙”一直不遗余力，这也是让广大代言人认可奢瑞的原因之一。

每一位购买了“奢瑞小黑裙”的客户都可以通过其微信服务号“我的助手”进入社区。在社区里，他们可以发表自己的想法与需求，寻求志同道合的朋友。

迄今为止，奢瑞的社群已有3.2万位代言人加入，热度值已达140万。每天在社群里打卡、发布消息、评论、点赞与分享，已经成为越来越多代言人的日常生活。在这个社群里你会发现，不仅有关于“奢瑞小黑裙”的分享，代言人还会一起分享生活小知识以及对人生的感悟，有问题她们会一起讨论商议，虽不相识，但大家相处得仿佛相识多年的老友。

“奢瑞小黑裙”作为一个女性垂直电商平台，希望让女性用户实现小黑裙一站式选购，节省女性用户选购小黑裙的时间。每一位购买了“奢瑞小黑裙”的客户都能得到一个专属二维码，成为代言人。代言人将自己的二维码分享给朋友，朋友通过扫描二维码进入微信平台，并成功购买一件小黑裙，那么代言人就可以获得额外的盈利。

之所以采用这样的宣传方式，一方面，是利用了现代女性喜欢晒、更敢晒的心理，大家都想把自己喜欢的事物分享给更多人。另一方面，除了晒出美照、赢得赞美，“奢瑞小黑裙”的代言人还可通过宣传推广获得额外盈利，“有口皆碑”是“奢瑞小黑裙”最创新的广告模式。

**第二，靠口耳相传的营销方式**

口耳相传的宣传方式看起来很简单，要做到却并不简单。

首先，也是最重要的，“奢瑞小黑裙”的质量一定要过关。一批小黑裙送来质检，100 条当中需要退回去的高达 85 条，有时候甚至是全退。在大家眼中也许这个裙子并没有太多问题，但是在小黑裙的质检标准里就是不容许的。比如说纽扣的椰子扣。椰子皮本身可能不太平整，做出来的扣子稍稍有点凹凸不平，在大多数人看来可能都很合理，但是在小黑裙的质检员眼中就是不合格的。

其次，鼓励机制要及时准确落实到个人。短短一年，“奢瑞小黑裙”的粉丝数就疯长至 700 万人。每天微信后台都会接收到大量订单，而奖励的计算与分发都需要精准的执行，团队的执行力就显得尤为重要，一支健全、高效的团队是整体发展的基石。

最后，是对品牌的持续维护。“奢瑞小黑裙”之所以能在互联网时代倔强生长，还要归功于持续不断的上新与消息推送。每周的上新推送让广大代言人能及时了解到更新款，有新款小黑裙才能不断更新代言人的衣柜。而这更新换代的速度，需要整个“奢瑞”团队的努力与付出。设计师集合平台的优势此刻就能显现出：不断汲取新鲜血液，提供更多、更完美的设计，满足不同的选择。

## 成长充电站：一切不赚钱的创新都是耍流氓

下面来看银行家的儿子和他父亲之间的对话：

儿子问：“爸爸，银行里的钱都是客户和储户的。那你是怎样赚得房子、奔驰车和游艇的呢？”

银行家说：“儿子，冰箱里有一块肥肉，你把它拿来。”

儿子拿来了。

银行家说：“再放回去吧。”

儿子问：“什么意思？”

银行家说：“你看你的手指上是不是有油啊？”

我经常会看到一些项目，数据都不错，但是感觉就是离赚钱比较远，这类公司曾经受到过资本的追捧，但是自 2015 年年底以来，明显受到了冷落。

在这里特意讲这个小故事就是要提醒每一位创业者，在设计公司商业模式的时候一定要离钱近，不管用户数据多么漂亮，如果不挣钱，或者离钱太远，公司发展规模越大，你的风险就越大。每年全世界都有几十家所谓的“独角兽”死亡，要知道，大多数创业公司都是死在 C 轮的，毕竟，我们现在大部分创业者，不可能像滴滴出行和 Uber 一样烧钱。

2016 年上半年我在长三角和珠三角跑得多，经常和创业者交流，我觉得珠三角和长三角的创业更接地气，创业公司虽然规模不是很大，但是有很好的流水和利润，这就非常好，对资本来说是很有吸引力的。这个时候，你如果想大规模复制，去融资时，成功率会更高。

## 创业路上的小诗

### 五月的雨

五月第一场雨终于来了，淋湿了的青石路如水洗过的树叶

新鲜如春，在春正在远去的日子。

五月的雨，多少有些灰蒙蒙的天，
在安静的空气的映衬下，越来越散发出闲适。
雨水滋润了青草，青草颜色了时间，
景物总是随着岁月，在时光和美好之间。

每逢五月的雨，总是忆起青春的流年，
在泛着涟漪的小河流，在长满绿色树林的青山。
雨越发地唤起过往，
校园的操场，黄沙地上白色的跑步的线条，
淋湿了年轻人黑发的雨滴。
清雾朦胧的雨气，笼罩在教室的窗外，
偶尔漫步在学校的周边，找寻着从前奔跑时的脚印。

五月的时光，呼吸着平淡无奇的空气，
也还清晰的迷漫着的雨，混杂在年轻的日子。
课桌上的书本，黑板上的白色的粉笔，
记录着时光的不断远去。
五月的印记里，每日奔跑的小路，
插满了秧苗的稻田，布满了的各式蒿草，
雨水浸润着的绿色，蔓延在小河的两岸。
河底的可见的石子青苔，时而游动的小鱼嬉戏，

不远处的静谧的山丘，孩童从不停息的欢闹，
散落在故乡童年的天空里。

五月的雨，总是从远方漫过来，
总是从很高很高的天边落下来，神秘而亲切。
连接着遥远的天空，还有开阔的土地，
雨蔓延着伸向远处，无驻无限，无常无念。
时光在空寂的隧道里，向小路的两边展开。
徒步欣喜在雨的世界，雨中的幻象，犹如午睡醒来后的课堂。
望着老师不住的叮咛絮叨，抑制不住的喜悦洋溢在脸上，
以及心里漾出的欢快，雨的迷漫，雨的闲散。
五月一样的岁月，不一样的季节，静沉寂然时间如常。

农历的四月是公历的五月，雨水对于大地农作物来说，是最好的滋润，雨水丰沛，万物茂盛，黄金难买四月天，棒槌落地也生根。

创业公司和农作物一样，一旦干旱，则很难成活。

中兴通讯的创始人说，“一个创业公司，收入第三，利润第二，现金流第一”。

对创业公司来说，现金流最重要，有了良好的现金流，才能流水不腐，户枢不蠹！

# 第五章

# 品牌驱动

在互联网时代，善于讲故事的公司往往顺风顺水，创始人也成为媒体的宠儿，在行业内指点江山，谈笑间融资即成；没有故事、不会发声的公司会被迅速遗忘，那些快速崛起的新兴公司会毫不留情地把你拍死在沙滩上。不在讲故事中爆发，就在沉默中死亡，有故事就有生命力，故事就是你征服这个世界的绝佳武器。

# 从“老王兄弟会”看创业公司如何免费做品牌

**干货点评：**

> 一个好的创始人，一定要有品牌意识，每时、每刻、每分、每秒都处于品牌传播的状态，把品牌传播融到产品里面，融到血液里面。

洪泰创新空间的“王胜江兄弟会”（也称“兄弟会”或者“老王兄弟会”），由洪泰创新空间投资企业和空间内优秀企业的创始人组成，成为洪泰创新空间明星项目和优秀项目团队抱团成长的重要平台，目前已经做了很多次活动和聚会，已经走出空间，参与各种社会活动，也成为创业公司 CEO 扩大知名度、提升公司品牌形象的重要平台。

2016 年 11 月，搜狐 PR（公共关系）年度峰会在搜狐媒体大厦举行，“老王兄弟会”受邀出席活动，展示了洪泰创新空间 CEO 们的整体形象，得到了现场媒体的热烈关注，现场创业公司的 CEO 和搜狐的高层、记者进行了良好的互动。我也在会上分享了创业公司如何免费做品牌的一些看法。

**第一， 前提是要有好的产品和服务。**

好品牌的前提是好的产品和服务，品牌根植于你有独特的产品、独特的商业模式，有了这些，你的品牌自然出来了，好的产品和服务自己会说话。如果你只有 PR，没有好的产品和服务，可能你死得比谁都快，因为你在做 PR，飞得越快，死得就越快。

如果你的产品、你的服务还处于初始阶段，我的建议是先不要着急做品牌，产品和服务不成熟，此时做品牌传播，力度越大，效果越差，给用户留下不好的印象和口碑，补救是很困难的。将产品和服务打磨好，得到了用户的认可，这个时候就可以做一些品牌传播了。

## 第二，创始人要把品牌传播融入血液。

一个好的创始人，一定要有品牌意识，每时、每刻、每分、每秒都处于品牌传播的状态，把品牌传播融到产品里面，融到血液里面。

我们空间有一个科技公司，这个公司的创始人不喜欢跟我交流，是一个技术型的人。但是，每次我只要带一个名人、带一个投资人去参观空间的时候，我都会去看他的产品，他会把产品拿过来跟明星拍个照片，跟我们讲两句话，后来还会弄个T恤，把LOGO印在T恤上面，慢慢地，他就得到各种关注和媒体的注意。

## 第三，品牌传播抱团很重要。

95%的创业者是没有品牌的，也很难让自己的品牌受到关注。我们有一个观点，一类是有众创空间、有载体的创业者，一类是没有载体的创业者，前者的品牌传播比后者要容易太多。为此，我们组织了“老王兄弟会”，这有很多好处。

首先，品牌传播不是自说自话。别人说你好才是真的好，就是我们说的金杯、银杯不如客户的口碑。“老王兄弟会”这么多兄弟姐妹就是种子用户，有好的产品和服务，自然会得到大家的赞赏。

其次，你不是一个人在战斗，是一群人和一个平台在帮助你，有很多的资源给你，我们有各种资源，可以相互借力。

再次，洪泰创新空间目前具有良好的品牌形象，我们和各种社会组织和媒体保持了良好的合作和互动，洪泰创新空间可以给“老王兄弟会”的兄弟们提供很好的品牌背书，能够让各种有影响力的人包括媒体认识到，你这个创业公司不错，在洪泰创新空间的口碑非常好。

最后，我们正在建设一个创业服务的生态，其中就有品牌传播的服务，比如我们深度孵化了一个创投圈垂直媒体——创投情报局，与新浪微博和一直播做一个日播的互联网节目，效果还不错。

## 第四，做不做自媒体取决于在当前时代的价值。

品牌传播经历了三个时代，先是电视传播时代，比如在央视打广告，当时出现标王 3 亿元的酒，那个时代基本以这个作为标准。后来平面媒体随着房地产的快速发展进入一个黄金时代，北京的房地产不在《北京青年报》上登一条广告就没脸见人。现在互联网出现了，进入信息泛滥的时代，每个企业都做一个自媒体，其实以前也有人干过这事，那时叫企业内刊，但是有人看吗？没人看。现在很多的自媒体已经变成企业内刊，我们95%的创业者都在做这件事情，包括我们也在做。

我认为自媒体的价值越来越小，未来会产生新的商业模式，专业的传统媒体、专业的互联网媒体、企业的自媒体怎么连接？未来我们的洪泰创新空间能够做这方面的连接，专门做这方面的帮助，让创业者在我们这边不花钱或少花钱能做一些品牌传播的事情。

“老王兄弟会”活动

# 如何积累势能，实现品牌热传播

**干货点评：**

> 对于一个创业公司来讲，最大的难题就是别人怎么认识你。别人为什么要跟你合作？为什么要跟你站在一起？为什么要帮你？这就是在考验公司打造势能的能力。

“99°创业季”的第二期小课堂，我们邀请了资深媒体人纪中展给大家讲了一堂创业公司如何做产品冷启动和品牌热传播的课，十分精彩。以下内容摘自老纪在课堂上的分享。

## 营销能干什么——累积势能

什么是势能？这个问题我问过很多人。我问过徐小平老师，我说徐老师你怎么看势能，徐老师说势能这件事情很简单，就是你们这个行业的人如果中午吃饭的时候都谈论一家公司，这家公司就有势能。后来我问了一个世界500强的公司负责人，他说“我们就是势能，因为谁都想跟我们站在一起”。后来我又问了一个独角兽公司的创始人，他说“你是一个主机，所有人都像一个U盘一样想往你身上插，这就是势能”。

王国安刚开始做“韩后”的时候，做了一件事情挺有趣，他在广州的长隆开了一场发布会，他出场的时候从地上舞台升起来，左边一个老虎，右边一个狮子，因为长隆是个野生动物园，一下让大家觉得有钱、土豪，那些代理商就很容易下单。代理商给一个大品牌、一个有实力的公司压点儿货不怕，包括他做的很多事情都是看起来比较大的，如把广州的小蛮腰广告包下来。这也是他说的干什么都要用牛刀，快、有震慑力，形成谈论的对象。

对创业公司来讲，所有的创业公司都是什么都没有的。创业不就是从0到1的过程，就因为你什么都没有所以才创业，很多什么都有的人不创业。

我们要做营销，当你什么都没有的时候，你就要形成势能，让所有人站在你这里，跟你站在一起或者你能站在别人那里，这样你才有价值。我们经常讲我的公关做得不好，媒体不关注我。为什么不关注？因为你没势能，媒体凭什么关注你呢？我经常讲，你必须要有自带流量的能力，自带势能的能力，这才是营销。所以，我们在讲什么是营销、什么是公关、什么是品牌、什么是广告？达到的目标就是形成势能，让所有人跟你在一起，当所有的能量都加持在你身上的时候，你身上形成一个能量场，你就很厉害。

一个创业公司营销的目的就是形成势能，这个势能一定是推动公司快速跑的势能，要解决创业公司的痛点，融资，行业贴标签，产品推广，好多内容，好多渠道，好多可销售的机制，好多沉淀，把这个资源形成，把整个业务闭环形成。

## 品牌热传播的四个原则

一个创业公司应该怎么样开始市场营销、品牌公关，是有方法的。产品很多时候是悄悄地冷启动，这时候就有赖于品牌做得非常热，创始人的势能非常强，去带动产品。

品牌热传播主要有以下四个原则：

第一，你要有一个好故事、好内容。你怎么传递内容，就像起名字一样。一个好的公司要有一个好的名字，马云起的公司的名字都是好名字，菜鸟、蚂蚁金服、淘宝、阿里巴巴、天猫；如果京东公司没有做起来就麻烦了，京东这个名字多花多少钱？好名字是听觉名字，不是视觉名字，听觉知道怎么写，好名字能解决很多问题。

第二，好渠道很重要，你有个好名字，好内容，好产品，但还要有好渠道，要通过不同的方法到达你的用户，包括做营销，做推广，都需要有好的渠道。

第三，要能成交。现在有移动互联网，支付打通，你做了好内容，有好的渠道，你要能快速地成交，要有一套成交机制，现在没有成交都是假的。过去互联网或者改变了传统广告界的一个定义，卖东西就是自己卖，现在任何一个活动都是带销量，需要有一套好的机制。

第四，能沉淀。当你产品很好，有好的内容，有好的渠道，也销售了，最后你要能沉淀，就是形成一个社群。就像我最近看到很多卖产品的人慢慢发现产品卖得很好，用户把他跟他产品相匹配的人都聚到一起，逐渐形成一个大的社群，这个社群还能发挥很大作用。后来我总结好的社群是 O2O 的解药，我原来特别喜欢 O2O 公司，因为他们极大地提高了生活品质，降低了生活成本，比如几块钱买一斤芒果，很多很好的优惠。

## 社群与营销

我关注了微信上好多薅羊毛类的公众号。社群逻辑会覆盖电商逻辑。电商靠什么？刷单补贴，不补贴就不买，不刷单不行。但是社群会让很多人忘记价格，用户会认为这是一群人，没问题，多少钱都行，反正其他人也跟我买得差不多。所以，产品要能沉淀，要沉淀到社群。社群是颠覆或者覆盖电商逻辑、O2O 逻辑的很重要一个因素。

所以，我经常讲营销看起来是营销，但实际上说的是公司产品，再往后看说的是融资模式。很多创始人跟我讲，我公司什么都好，就是营销做得不好，你跟他真聊几句，你发现他对产品不自信。他认为营销做得不好，实际上是他对产品不自信。再深挖是他的模式，他没有找到一个又肥又大的市场，做一个很小很窄的市场。要不就是他没有给用户一个清晰的、可感知的价值，你说了一大堆，他没有给用户一个非常清晰的信任背书，我凭什么买你，你会不会跑？

就像我们做市场一样，我经常给一些公司在市场方面提意见，你的市场就做三件事，第一，是品牌，品牌就是符号，当符号一旦形成，一年不要变，两年不要变，三年不要变，让大家对符号产生记忆。第二，是产品推广，产品推广千万不能不变，每天都要换一样，今天推这个，明天推那个。所以，你要不断想方法做推广。第三是重大合作，你要形成势能，和这个行业里你最需要的人站在一起，品牌竞争符号长期不变，让大家产生记忆，产品推广每天换一招形成流量，然后进行转化变现。重大合作，找最好的人站在一起帮你加持。这就是一个公司或者一个企业在市场营销方面的全部工作。

## 小公司的有效方法

找谁来做市场？很简单，找一个记者就行，尤其小公司。

有什么好处呢？第一，他认识的人足够多。公司刚成立时缺人脉，想多认识一点人，记者至少能给你提供一些人的联系方式。第二，因为前期做一些行业性的东西，需要写稿，而记者写稿没问题。但最大的问题是记者的进步不一定有那么快，因为他不一定会带人，他不一定会体系化管理，当你公司规模大了，你需要给他找个上司或者找个靠谱的下属。

所以，我经常讲小公司招个记者就可以了，记者行业工资普遍低，你多给记者工资，给他一个很好的降落伞就可以了。创业公司初期找市场，最好也找记者出身的，因为你还不需要做多少年的市场计划，不需要做大推广，他过去积累的知识和人脉足以支撑一个公司走到 A 轮。

# 创业公司做品牌的八个法则

干货点评：

> 有的创始人，可能有件事情，觉得需要宣传了，然后告诉公关人员，去找个记者发篇稿子。这种情况，一定程度上意味着创始人对于媒体没有发自内心真正的尊重。

## 法则一：产品是基础，公关是核心，“朋友圈竞争力”和产品竞争力同样重要

比如基金的核心是投资优质的项目，但如果不在市场上主动发声，很可能创业者都不知道你，你连好项目都看不见，又怎么能够投出好项目？我们要吸引创业者，并且让他们知

道我们可以给他提供强有力的支持。同时在募资，包括与政府合作的时候，你需要有品牌支持。同样作为一个公司，你的产品要让用户知道。创业公司，要把自己品牌逐步打造出来，甚至说创业者要有当网红的意识和能力，这对公司是很有利的，至少要有这个意识。

**法则二：创始人要从内心认可品牌的价值和重要性，从己做起**

有的创始人，可能有件事情，觉得需要宣传了，然后告诉公关人员，去找个记者发篇稿子。这种情况，一定程度上意味着创始人对于媒体没有发自内心真正的尊重。

**法则三：专业的事情交给专业的人做，创始人不要太干涉细节**

例如洪泰创新空间媒体负责人以前是专业、资深的媒体人。领英的公众号发表过一篇文章，回顾他们新媒体的发展之路，也表达了这一个重要的观点。

**法则四：要有主动制造事件的能力，内容比渠道更重要**

例如洪泰创新空间，2016 年有几个比较大的事，包括跟优客工场的全面合作。而每在一个大的事件出来的时候，国内至少会有 50 家以上的媒体报道，形成的影响力会非常大。

**法则五：宣传发布的内容要把握合理和相对规律的时间和频率，给人合理的预期**

公司的重要新闻，一般都保持在晚上 8: 00 ~ 9: 00 发出，最晚不超过 9 点。这些其实都是有一定规律的，包括大家熟知的网红，她的视频推出的频率也是有一定规律的，就是要照顾读者的阅读习惯，给人一个合理的预期。

**法则六：要想清楚品牌宣传的目的，找准目标读者，找准渠道，“对症下药”**

例如你想融资了，你的报道就可以选择如铅笔道、36 氪、小饭桌等媒体，这些都是投资人日常关注的媒体。最近也有不少投资人看见洪泰创新空间 99°创业季的相关报道，而主动找我们去联系相关企业。

**法则七：要有自己的风格，要让人看着舒服**

一个好的企业自媒体，每个字都在向外辐射企业文化，多给设计和编辑一些预算，没错的，尤其是很多品牌驱动和活动驱动型的公司，更应该注意设计的重要性。

**法则八：企业即媒体，人人都是新媒体**

其实在移动互联网时代，每个人的朋友圈，一定程度上就是一个新媒体，你的一言一行，在一定程度上折射着公司的文化。在这个层面上，创业公司一定要注意和员工的关系，尤其是和离职员工的关系，如果处理不好，很容易对公司品牌产生巨大伤害。

## 案例复盘及启示

### 99°创业季，改变创业的季节

从2015年4月19日洪泰创新空间成立开始，我们每天都要见几波创业者，最多的一天见了11个团队。和这些创业者交流的时候，发现有一个共同的问题：创业者从创业那天起就面临着各种困难，很多创业者付出了100%甚至200%的努力，但就像烧水一样，始终停留在99°，差1°。

创业者如何找到那关键的1°资源？我决心在创投圈创立一个品牌，让大家想找资源的时候就能想到我们，这就是“99°创业季”的由来。

2016年3月16日，洪泰创新空间推出“99°创业季”，力求帮助创业者们找到那最关键的1°资源。具体来说，“99°创业季”包括的五大内容如下：

**第一，99°海外学人创新创业大赛**

2016 年 3 月 19 日 ~2016 年 5 月 15 日期间，洪泰创新空间联合北京、上海、合肥、西安国内四地以及美国、英国、荷兰、新加坡、德国、日本等海外六地共同举办“99°海外学人创新创业大赛”，让更多优秀的海外学人项目能通过洪泰创新空间的平台脱颖而出。

**第二，99 个投资人饭局**

“99°创业季”每季将筛选出 99 位优秀创业者，与 99 位合作机构投资人组成私密饭局，给投融资双方营造一个平等交流和深入探讨的宝贵机会。同时，每场饭局将有一名新媒体记者全程参与，将饭局中的精彩故事和交流火花变成独家报道。

**第三，9 个小时人生路演**

创业是一种修行，也是一种挑战。创业者和投资人在艰苦的自然环境下进行 9 小时的徒步穿越，在内心深处找到让生命得以升华的正能量，以更积极、健康、持久的动力去拥抱创业之旅中未知的挑战，堪称一场真正特别的“人生路演”。

**第四，99°年度创新人物盛典**

通过聚合勇于突破和挑战的创业者，洪泰创新空间评选出创新创业领域先锋年度人物，打造创投圈极具权威和影响力的年度盛典。

### 第五，99°小课堂

请来各路优秀的创业者、投资人、互联网企业从业人员，与创业者分享干货，为创业者和关注创业的人员提供最关键的1°知识和人脉储备，提供一个互助学习、交友的平台。

洪泰创新空间“99°创业季”为广大创业者提供空间入驻、课程培训、项目打磨、路演推送、资本对接等各种系统性的服务，也会筛选出最优秀的创业项目进行投资孵化。

“99°创业季”推出半年以来，已经有3 000 多个创业项目参加了我们举办的各种活动，2016 年 6 月 11 日，99°海外学人创新创业大赛总决赛在欧美同学会百年大讲堂成功举行，99°小课堂、99°投资人饭局等已成为创业圈知名的品牌。

洪泰创新空间“99°创业季”启动仪式

## 成长充电站：熊猫罗盘

熊猫传媒集团董事长、新媒体营销专家申晨总结归纳了一套独家的“熊猫罗盘”六大新媒体营销方法论，即“树概念、定用户、立场景、强体验、讲故事、引传播”。

### 1. 树概念

申晨描述了他在机场看到两个手机广告——金立的“超级续航”和某品牌“驭不凡”之后的感受。“商务人士最大的痛点就是手机没电，我看完金立的广告后知道这个手机续航能力非常强，金立的定位很准确、概念很明确，就是超级续航。而‘驭不凡’广告看完后我并不知道这个手机究竟好在哪里”，申晨表示。

申晨同时指出：很直观地让用户认识到这个产品哪儿好，这是第一步。后来在网上查了一下，发现金立的所有营销也都围绕着“超级续航”在做。网上频现网友们“脑洞大开”地用金立给电脑、电风扇、电饭锅、电冰箱充电的视频和照片，甚至有网友用金立手机煮火锅，由此让金立的“超级续航”概念狠狠地火了一把。这个事情很直白地告诉消费者金立的手机电池容量很高，续航力强。现在的营销围绕着“你跟别人有什么不同”“我为什么要买你”来进行，就是一次好的宣传、好的营销点。

**2. 定用户**

申晨提到现在在家庭中最重要的亲子时光是缺失的，吃饭以后的时光是孩子玩 iPad，妈妈看淘宝，爸爸打游戏，奶奶看股市，爷爷玩钓鱼，每个人在自己的屋子里看着小屏幕。小米盒子当时的定位就是亲子时光，吃饭以后的时间段属于电视机，所有人坐在一起其乐融融地看一会儿电视，用户就是家庭。

**3. 立场景**

场景化营销是现在一个非常大的方向。申晨举了滴滴专车的例子。滴滴专车在营销上，给自己设置了很多场景，比如很晚下班想犒劳自己，需要滴滴专车；下大雨不想路边举伞打的，需要滴滴专车；不希望客户出机场后要排队等车，需要滴滴专车。为你的产品设置明确的场景，让别人一旦记住这个场景就能够产生购买、产生使用和联想，这是一次好的场景化营销。

**4. 强体验**

顺丰为了表现能在荔枝下单后当天就送达用户手中，让客户做到自愿传播，将包装盒做成飞机模样，将荔枝放在“飞机”的翅膀里。很多用户在收到包裹的时候很惊讶，甚至吃完荔枝后还留着盒子。在申晨看来，这就是强体验很好的例子。

### 5. 讲故事

申晨认为互联网很难承载概念，金立能把“超级续航”普及到这种程度真的不容易，用故事带概念是最好的。比如创始人的故事、员工的故事、明星员工的故事。申晨认为，企业中最好有一点明星员工的故事，用人的情怀打动别人。这个真的不容易，讲故事的能力非常重要。

### 6. 引传播

传统的传播模式一般是做一个线下活动，然后集中各方开一个发布会，将内容分享到网络上。不过申晨认为，移动互联网时代传播是反过来的。活动设计是为传播而设置的，这样效果会好很多。

说到传播到底给谁看，一是让用户看到，看到你的产品质量、服务理念、创新创意、人与人的感情、众人的支持，给最后付款的客户看到。二是让你的合作伙伴看到，让你的供应商看到，让你的经销商和承销商看到，看到信心、看到跟你在一起有肉吃。三是让行业看到，要成为这个市场的老大，不是老大的话也要是这个市场非常重要的组成部分，别人想到这个市场就跳不开你，比如说到 O2O 和洗衣服就跳不开 e 袋洗。四是让投资人看到。五是让人才看到，通过一次市场营销抓到更多的人才，这个年头什么是壁垒？速度和人是。六是要让学界看到，是不是可以拿些奖项，是不是可以拿 IF、红点设计奖，是不是可以拿国家创新创意奖，这些奖项对宣传非常有好处。所以是一次好的宣传可以考虑这六个方向。

## 创业路上的小诗

### 秋日时光

时间在飞奔，空气在散步，穿行于云层间，云一朵朵远去，云开云散，云来云去。秋天的曲调传来，在耳畔，在远处，紫色的浪漫，秋日的私语。

踏在校园的树叶上，时光一页一页翻起，如钟声响起，如小舟远行。昨日的青葱岁月，书桌、黑板、粉笔、试卷，记忆从未忘怀，下课的铃声，三五成群，嬉笑着打闹，绿茵操场，年轻的身影，奔跑着我们的青春。

时间总是充满情感，沉淀在旧了的日记本上，路也总是向前延展，镶嵌在山丘的图画里，散落的叶子，在秋的阳光中闪亮，音乐继续在怀旧，青涩的味道，混合着禅茶的空寂，云还在万尺高空，荡漾着童年的印记。

树荫呵护下的上学路上，熟悉亲切的红砖院墙，再远的距离也无法割舍，逝去了的一片一片琐碎，在平静的空气中浮现。

如前行中闪过的树木，如宽阔波澜的海面，缘来缘去，不来不去。每个人心中都有一个小镇，一个抹不去的记忆，雪地中的蹦蹦跳跳，稻田中的跑跑闹闹，炊烟袅袅中，已然散去的童年。

总有些事情从未离开，日历一篇一篇翻过，年年相似，岁岁不同，相似的总是不同，不同的总是相似。秋天，最迷人的季节，清爽、闲适。

# 第六章

# IP驱动

在英语世界，如果提到IP，人们首先想到的是“IP地址”，只有特别指出，对方才能明白你说的是“知识财产”（Intellectual Property）。可是IP在中国创业圈却是十分火爆的词，有些时候甚至让人“不明觉厉”。如果你还没听说过IP，说明你“out”了。随便走进一家咖啡馆，总会看见几个人在聊IP。其实，任何背后有粉丝群的都可以被称为IP。

# 创始人“IP化”时代已经到来

干货点评：

> 当企业家可以代表和驾驭自己的品牌，使之适应新媒体生态以行业、消费者每一个关系为中心的多场景分发传播的时候，企业及品牌对外的公共关系建立就成功了一半。

不要以为网红或者 IP 只是娱乐行业的人应该谈论的话题，作为创业者的你应该了解其中的门道。一流的企业，都在汲取创始人 IP 红利。

## 进入创始人 IP 化的时代

从罗永浩到董明珠，从乔布斯到雷军，整个商业世界都进入了创始人 IP 化的时代。小米的雷军、罗辑思维的罗振宇、锤子手机的罗永浩，还有近期最火的 papi 酱，这些人让我们不得不感叹——创始人“IP 化”时代已经到来。

创始人的 IP 化在众媒时代既提供了媒体所需的资讯传播热点，又是品牌传播的最佳载体。当创始人成为每个个体了解品牌的接收渠道的时候，本质上已经充当了品牌与公众的沟通渠道，大大降低了认知和沟通成本。

当企业家可以代表和驾驭自己的品牌，使之适应新媒体生态以行业、消费者每一个关系为中心的多场景分发传播的时候，企业及品牌对外的公共关系建立就成功了一半。

创始人也是品牌对外的第一外交官与代言人，个人 IP 化所带来的公众熟知度和延伸出的良好舆论氛围，可以减少公众对品牌的认知与沟通成本，具有凝聚和资源整合的作用，对于公众对品牌的信任度和个人魅力的凝聚都有极大的提升。

首先要明确创始人 IP 不是符号化的定义，而是引导和吸引公众的关键人物，需要能到提到某个行业、某个领域，最先想起的不是品牌，而是一个具有 IP 效应的人。

## IP 的三个特点

第一，在某个垂直细分领域内足够优秀，并且有刷新认知的论点，也就是要有绝招；

第二，同一领域优先冒头的 IP，可以迅速占领目标人群的心智，从而无论是 2C 还是 2B 都可以建立优势地位；

第三，所有的 IP 均具有共性和个性，既能代表人们愿意追随和赞美的优秀品质，也有垂直领域“舍我其谁”的专业认同。

## 创始人如何塑造 IP

第一，确立焦点，你必须尽快抓住公众关注的焦点；

第二，你必须站在消费者的角度；

第三，诱发联想，让消费者觉得那个红人就是未来的自己。

每个领域都可以出现一个创始人 IP，这需要一个恰如其分的定位、塑造、传播、建立连接的过程。运用新媒体和众媒时代的传播效应，在受众群体的意识里形成一条品牌和创始人 IP 之间的反射弧。打通新的传播渠道，释放创始人 IP 的真实能量。

总体来说，IP 化或者说人格化是一个创业公司做品牌的捷径。现在有很多所谓的“网红企业家”，如果只能在“网红”和“企业家”两者当中选一个，那一个成功的创始人必须首先是个好的企业家，但很多人往往走在了网红的道路上，没有成为一个真正的企业家，最终的结果必然是悲剧的。

# 创业公司如何打造超级 IP

干货点评：

> 未来所有的商业组织、机构、个人、品牌、亚文化都将是 IP 化生存，否则必将湮灭于这个时代。

2016 年上半年，我跟场景实验室创始人吴声一起参加了一个活动，他提出超级 IP 的概念，认为基于人的尺度，打造自己的超级 IP，也许是 2016 年及以后我们能够真正去定义品牌、营销、产品一体化的机会所在。

移动互联网重新赋能的人格与内容，正通过社交网络的连接与融合，日益消除内容与产品、人格与消费、时间与空间的边界。这场 IP 化生存的运动以其社会化的深度、崛起速度与规模，颠覆了包括泛娱乐在内的各个产业。

因为 IP 的连接，商业模式设计被改变，原有的价值创造方式被转变。品牌与产品的重心逐渐从功能化、规模化、中心化转向内容化、人格化、亚文化。这是一场有关于战略眼光的格局之战，如何在打开想象力边界的同时，通过恰当的 IP 设定，为企业找到重新连接和分配生态价值的机会，让创意成为正确的打开姿势，创造全新的用户体验与连接方式。

IP 化生存是注意力稀缺时代商业模式的必然选择，是小众需求的自然表达，是连接逻辑的商业衍生。未来所有的商业组织、机构、个人、品牌、亚文化都将是 IP 化生存，否则必将湮灭于这个时代。

## 创业公司如何从无到有打造自己的 IP

第一，抓住时机，打造爆品。在直播刚刚兴起的时候，洪泰创新空间联合新浪微博、一直播打造了创投圈第一个日播的直播节目“创投情报局”，依靠强大的嘉宾阵容、高品质的优质内容，迅速在创投圈成为一个明星 IP。

第二，全平台卡位，快速完成粉丝积累。一是多平台占位，最大化刷新存在感；二是借助曝光快速和粉丝建立深度连接，只有和对的用户说话，才能让 IP 产品热起来。

第三，不断地推出系列化的高品质产品。很多时候一个超级 IP 并非设计出来的，更多的是运营出来的。IP 通过一个媒介呈现形式被激活后，只是完成了第一步，下一步就是长期的 IP 运营，再好的 IP 如果一段时间内缺少运营，就会在观众的心中消失。一个有巨大商业价值的 IP 并非一开始就设计完美，更多的是靠长期持续的打造和调整最终形成。

## 超级 IP——互联网新物种

关于 IP，吴声还提出了一个很有意思的概念——互联网新物种。超级 IP 作为势能发展出的新物种，它的生长姿势，表面上看起来是物竞天择，其实是顺势而为，因为变化实在是太快了。我们面对的一个现实是：物质超载、认知盈余、碎片化生存、注意力稀缺，而其背后的本质都是在为自带魅力人格与信用的个体加冕。

他提出了新物种的四个商业内涵：

**第一，新想象。**当我们谈论董明珠的时候，是把她当作企业家网红董明珠，抑或是工业 4.0 的董明珠，又或者是中国民族创业骄傲的董明珠，还是中国制造的董明珠？

我们选择哪一种表达对董明珠有影响吗？当然有。比如说当被定义为网红的时候，董明珠就在不断地网红化。不同的表达体系本身就会定义，新想象的边界拓展并不意味着某个具象业态。

**第二，新物理。**当边界被拓展，消费逻辑也就发生了变化。在这种逻辑下，新的模式架构和连接方式改变了我们以往对物体、空间的组合，为营销场景提供了新的可能性。

**第三，新物质。**像 Facebook、谷歌这些公司，能够基于庞大的需求端形成互联网的联机成本边际效应，进而形成独特品类的垄断，那滴滴和 Uber 中国合并后真正的对手是谁？是神州、易到，还是正在开发自动驾驶、无人驾驶、智能驾驶系统的苹果、谷歌、特斯拉？或许还有 Airbnb。

在新的商业模式里，真正的商业机会本身就意味着新的商业基因和新的材料。产品本身的共享能力成为生活形态和效率的解决方案，我们选择的最好的路一定是最难的路，没有投机取巧。

**第四，新物语。**在这样的模式下，我们有没有卖点能够成为年轻人的记忆，进而成为传播的引爆点？我们如何构建基于用户沟通有参与感的体系？洪荒之力的段子 15 秒就快速地消化掉所有势能，但是傅园慧却成为了网红。

我们在谈论这一切的时候，新的话语体系和故事的叙述方式本身就会形成新的物种形态和势能价值，通过新的话语体系也会形成新的内容分发能力。因此，更重要的是我们的内容是什么，态度是什么，价值观是什么？

所有的消费都是基于新的内容场景、人格、信任代理和信用连接的消费。在这轮关系里，这种故事叙述方式本身会决定调性，会决定品牌，也会决定能否形成传播价值。

创业公司应该多从这个新内涵当中寻找机会，把自己打造成互联网时代的新物种。

# "双十一"这个超级IP将毁掉创业者

干货点评：

> 2015年"双十一"，当天天猫近千亿元的成交金额是谁堆起来的？这是创业者给自己的商品打折堆砌起来的，而极度打折带来的后果可想而知，不只让创业者失去利润，还会影响他们的创业激情。

## 2015年"双十一"，我把自己"卖了"

2015年"双十一"期间，我用99元把自己作为投资人"卖"到了个人微信号上，创业者花99元可以见我一次。设计这个“产品”的初衷只是因为好玩，“我长成这个样子也可以分享”，但是体验过后我连哭的心都有了。

“产品”发布后供不应求，瞬间有100多个创业者“抢购”，吓得我连忙“停止接单”。因为即便一天见两个人，这多人要见完也得花三个月的时间。

我明显地高估了自己，两个月过去了，只见了20多个创业者，而剩下那80多个人天天追着“要账”，说“我花钱买了你，你必须得为我服务啊！”

## 马去时代不会过去， 淘宝的时代可能要过去了

这件事过后我开始反思，“双十一”现象虽然有趣，但对于创业者而言未必是一个好消息，“创业者999元的商品，“双十一”放到网站上只卖99元，怎么可能赚到钱”。

2015年“双十一”当天天猫近千亿元的成交金额是谁堆起来的？这是创业者给自己的商品打折堆砌起来的，而极度打折带来的后果可想而知，不只让创业者失去利润，还会影响他们的创业激情。

“双十一”过后，随之而来的是一系列物流服务、商品质量等问题。有30%~40%的购买者并没有享受到相应的服务，

或者是商品存在质量问题。"双十 ·"这个超级 IP 很可能会毁掉一批创业者。

在我的上一本书《创业生存法则》里，写过一篇名为《马云时代不会过去，淘宝时代要过去了》的文章，因为人民的生活水平在提高，我们的消费应该进入下一个领域，不能总是用价格战来作为一种噱头衡量消费。

现在淘宝解决的是买得便宜、买得便利，京东解决的是买得便宜、买得便利、买得放心，未来的模式将是买得便宜、买得便利、买得放心、买得精致，马云的时代不会过去，但是淘宝的时代可能要过去了。

## 案例复盘及启示

### 昆仑决，一个体育 IP 崛起的范本

如果说 2015 年是中国体育产业的资本元年，那么 2016 年堪称体育产业的资本爆发年。体育 IP 的炙手可热超乎人们想象，成立仅 2 年的中国原创搏击品牌昆仑决 B 轮融资估值 3.5 亿美元，正在向"独角兽"方向迈进。

## 最会玩 IP 的体育产业公司

昆仑决全称是“昆仑决”世界极限格斗系列赛。姜华，昆仑决的创始者与掌门人，他不仅是一位搏击高手，同时也是一位极具商业头脑的创业者，而弘扬武术精神的使命感更是增添了他的人格魅力。2013 年，昆仑决创业初期，在一次偶遇中姜华用 30 分钟的简短交流打动了洪泰基金创始人盛希泰，让他做了自己的第一个天使投资。

一年多的时间，昆仑决把一个小众赛事做成了全民热潮，在一线省级卫视的周日黄金档收视率爆棚，迅速集聚三亿粉丝。昆仑决在格斗界建立了新规则，不仅打造中国品牌，更以国际视野打造世界品牌，从中国制造到中国创造，让中华武术走出国门，真正迈入世界版图。

昆仑决并不以传统体育运作公司为目标，而是要在体育领域打造滴滴、美团这样的互联网公司，用互联网思维改造传统保守的体育赛事。从常规的广告、运动员经纪、电视版权、现场门票，到漫画、影视、APP 产品、格斗商城、线上格斗教育平台、线下搏击俱乐部，以及很快上线的格斗游戏，昆尚传媒被认为是国内最会玩 IP 的体育产业公司，每一个动作都体现了 IP 的策略。

## 创新“互联网+体育”

昆仑决打造体育 IP 的策略也得到了资本市场的关注和支持。从 A 轮、A+轮再到 B 轮，IDG 一路扶持昆仑决发展。“我们长期研究中美体育产业，并从 2007 年开始投资国内体育产业早期项目至今，发现过去十年来搏击行业的发展令人激动，在中国快速发展的背景下，昆仑决打造的世界搏击品牌，前景看好。在这个过程中，无论是赛事品质、媒体传播运营、体育赛事服务和市场营销都需要资本支持，我们愿意承担这个责任，扶持中国体育品牌成长。”在谈到为什么投资昆仑决时，IDG 资本合伙人李建光解释道。

晨兴资本作为昆仑决 B 轮领投方，对体育行业进行大量调研后最终选择了昆仑决，晨兴资本张博说，“昆仑决不同于传统赛事，它是以互联网的视角来重新审视体育行业。在竞技体育项目商业化的过程中，面向用户的传播是一个很重要的要素，以用户体验为核心，重新设计产品和运营模式，是体育赛事的重要机会。在这一点上，目前中国的体育产业和世界上其他国家体育产业的差距还是很大的。昆仑决在用户体验设计上正在做新的尝试，包括接下来的智能硬件开发、人机互动提升观赛体验，这些创新和尝试都离不开资本的支持”。

北极光创投董事总经理邓锋同样将“互联网+”作为体育产业的爆发点：“目前国内的体育产业尚处于发展初期，而“互联网+”的到来，将真正带动体育产业的爆发。

关于市场我们有三个判断，第一个是中国有人口红利的存在，运动人口基数巨大；第二个是政策红利；第三个是原有运动人群的消费升级。此外在体育资源的供给部分，产业链上游资源逐步放开，围绕体育竞赛表演的产业链将逐步展开；资本的注入会为市场带来活力；产业发展将会从2B转为2C，也就是从营销型经济转向消费型经济。”

## 打造世界顶级的搏击IP

昆仑决创始人姜华2015年获得“中国O2O潮流人物大奖”，证明了“互联网+”将是传统产业升级的驱动力，这种理念上的契合，让北极光创投B轮入资昆仑决，一同探索体育发展的未来之路。

动域资本VP王静对于昆仑决的IP策略给出了自己的解读：“搏击是最古老的体育运动之一，中华民族有着上千年的武术文化积淀。除了赛事外，搏击在电影、博彩、游戏娱乐等方面都是天花板很高的巨大市场。

有些公司将搏击IP作为原材料，在行业内部做一个横向叠加，如格斗电影、格斗游戏，什么火做什么，对搏击运动的发展和尚武文化的传递漠不关心。昆仑决立足搏击行业龙头 IP 的地位，打造独立产业链，让商业服务于搏击，在此过程中传递武术文化和体育精神，这是我们作为一家垂直体育产业基金比较看重的。

资本大量进入使得体育公司在商业资本运作、市场发展方面的视野有了较大扩展，同时吸引了大量的优秀人才进来。昆仑决现有的龙头地位，对资本和人才有很强的集聚效应，这会是非常强力的护城河。相信在资本助力下，昆仑决能打造一个世界顶级的搏击 IP。”

## 成长充电站：打造 IP 从一个小目标开始

2016 年的某一天，突然，关于王健林的一个故事刷遍了朋友圈。

原来，在接受媒体采访时，王健林表示：“很多年轻人，有自己目标，比如想做首富是对的，但是最好先定一个小目标，比方说我先挣它一个亿。”

王健林说：“你看看能用几年挣到一个亿。你是规划五年还是三年。到了以后，下一个目标，再奔 10 亿，100 亿。”

这个故事对于打造 IP 来说，特别的典型。

打造 IP 是一件非常有难度、成功率很低的事情。经常碰到一些创业者有了一些文化创意的产品后就想打造一个 IP，需要融资，需要钱的理由是打造 IP 需要钱。

但是，对于投资人而言，他的投资并不是漫无目的的。看看投资案例，除了个别网红炒作的投资之外，所有的 IP 投资都是非常专业和有清晰逻辑的。而其中最重要的一个逻辑就是：要么卡住 IP 上下游，要么变现大 IP。

对于内容创业者来说，从 0 到 1，有一个漫长的道路要走，如果你想要内容创业，先定好一个小目标，当你打造 IP 得到一定的关注后，就可以进行下一个目标了。

## 创业路上的小诗

### 青春

行走在路上，绿树、青草、美丽的花。

淡淡的天空，雨滴忽然飘落，

像是庆祝的仪式。

风也轻柔地在旁边吹起，楼宇间年轻的声音传来。

畅快的五月，诗一样的季节，

踏着春天的生机，还有夏天的热烈的围绕。
回忆起年轻的岁月，光彩灿烂的日子，
路一直向四处开阔。
东南西北，走过青春的时光，风一直向前。
白的衬衣，蓝的裤子，还有白色的球鞋，
一切都在昨天。
操场的奔跑，教室的吵闹，
青春从未离开。
那些光辉岁月，一起疯闹的场景，
犹如静止的图片，从未失去。
青春的记忆，永恒的美妙，
向年轻敬礼。
绿树依旧前行，青春的欢悦，
停在原点，不去不离，年轻如初。

# 第七章

# 运营驱动

创业驱动的一切战略与执行，最终必须是为了增长——这个简单而唯一的目标。增长可以解决一切问题，公司缺乏增长活力也只能由增长本身克服。增长会带来成就感，会振奋人心。当然增长的同时也伴随着角色和责任的转变，员工的职业生涯会有更大的发展空间。反之，公司停滞不前会让员工失望沮丧，最后跳槽。没有进步的公司只会让人互相推诿责任，不停抱怨。

# 创业公司指数级成长路线图

干货点评：

> 创始人是创业企业的天花板，创始人的价值观决定了整个团队的价值观。创始人有什么样的价值观，就会吸引拥有同样价值观的团队成员，价值观相同的人终将聚合。

从我创立洪泰创新空间以来，看到了很多创业公司的成长历程，它们往往不是正常的增长，比如说以20%、30%的速度增长，是指数级增长。这些指数级增长使它在几年之内具有成为独角兽或巨无霸公司的能力，而这些指数级增长往往是它们把所有工作资源聚焦到一点，然后单点突破达到的结果。

## 增长为何不一样

这些指数级增长的公司到底有何不同？

奇点大学执行主席彼得·戴曼迪斯构建了一个“6D 框架”（Six Ds）：数字化（digitalization）、欺骗性（deception）、颠覆性（disruption）、非货币化（demonetization）、非物质化（dematerialization）和大众化（democratization）。这 6D 其实是指数级增长的连锁反应，也是导致巨大动荡，并带来难得机遇的快速发展路线图。

（1）**数字化：**任何成为数字化的东西，其计算能力的提升都遵循摩尔定律，都是跳跃式地发展。因此，“6D 框架”中的第一个单词就是数字化，原因很简单，一旦某个技术或产品完成了从物理过程向数字过程的转变，那么它便会呈指数级增长。

（2）**欺骗性：**紧接着数字化的是欺骗性，这是指数级增长过程中最容易被忽视的。原因在于，小数目的翻倍通常也是很小的，它们往往被误认为是线性增长式的缓慢进步。在初始阶段，指数级增长是具有欺骗性的，但后来就变得极具颠覆性。

（3）**颠覆性：**简而言之，颠覆性技术是指任何一个能够创造新的市场并且颠覆已有市场的创新技术。不幸的是，颠覆性总是伴随着欺骗性，最初的技术威胁似乎都是微不足道的。这种颠覆将是一个常态，对于任何一个正在管理公司的人来说，可供选择的选项其实非常有限——要么颠覆自己，要么被别人颠覆。

（4）**非货币化：**在今天的新经济中，赚钱最简单的一个方法就是把东西拿出来让别人免费使用。当然，有的“免费”并不纯粹，它们可以说是一种赔本赚吆喝的“买卖”。

（5）**非物质化：**非货币化是指过去需要付出货币来购买的商品和服务现在都免费了，而非物质化则更进一步，它指的是，连商品和服务本身也消失了。

（6）**大众化：**大众化是指数级连锁反应的终端，是非货币化和非物质化的必然结果。它发生在当我们可以把物质对象转变成一些二进制符号，并且能够将它们托管到某个数字平台上的时候。由于数字平台的规模极大，因此，对于个人来说，这样做的成本接近于零，今天的智能手机和平板电脑就是这种情况。

### 增长的要素

如果说戴曼迪斯的“6D 框架”理论有些难懂的话，分众创始人江南春的解释则更加“接地气”。江南春根据创业公司在分众投放广告的情况，将创业公司的指数级增长归结为以下几个要点：

第一，它们开创了新的品类或特性。要在消费者心智当中占据一个新的品类或特性，你要用一句很简洁的话说出产品的差异性，像钉子一样钻入消费头脑中的那个空隙位置。

第二，它们抓住了一个时间窗口。消费者心智非常简单，谁能第一个进驻消费者心智，谁就能占据先机，后来者付出的代价是巨大的，而且往往付出了巨大的代价还不被人所知。

第三，它们在时间窗口中采取了饱和攻击。我觉得消费者其实非常懒，他们往往容易先入为主，这就需要在窗口期中采取饱和攻击迅速将特性品类根植于消费者脑海中，使得特性等于认知。

第四，它们最终都在消费者心智中占据了一个品类或者特性，在消费者心中形成一个特定的词。饱和攻击最终要达到的结果就是品牌等于某种品类或者某种特性。比如：滴滴等于打车，神州等于租车，饿了么等于外卖，瓜子二手车等于 C2C 买车。消费者已经把这个品类或者特性与品牌画上等号，获利能力最强的、市场占有率最高的公司往往都是这样形成的。

除了戴曼迪斯和江南春所列的要点以外，我认为创业公司要想成为指数型组织，一定要有超强的吸引资源和人才的能力。创始人是创业企业的天花板，创始人的价值观决定了整个团队的价值观。创始人有什么样的价值观，就会吸引拥有同样价值观的团队成员，价值观相同的人终将聚合。

# 完美运营，破局产品冷启动

**干货点评：**

> 在创业公司早期，你不能等待用户自己来，要主动地一个一个地赢得用户。我强烈建议创始人亲自去拉前1000个用户，并且维护好这些种子用户。同时我们也不要忘了，通过运营实现产品冷启动的前提是要有一个好产品，因为谁也拯救不了一个烂产品。

无论是在国内还是国外，很多成功的创业公司最早获得用户的方法看起来都是那么的“笨”。这些“笨”方法一般只在获得种子用户的最初阶段进行，它们没法大规模地去推行，因为看起来很慢、很吃力。

## 从0到1的运营方法

这些事情看起来很“笨”，可它们却把公司从0变到了1。没有这最早的0到1，就不可能有后来的1到10，10到100，100到1 000。

现在你知道Airbnb市值100亿美元，是一家很不错的公司。可是在当时，这个点子听起来是那么“蠢”。创始人从硅谷跑到纽约，从在朋友家的沙发上睡觉开始，然后再一家家的敲响陌生人的门，睡在陌生人的客厅里，拍下照片传到自己的网站上，这才积累起第一批用户。

聚美优品在创立初期，联合创始人戴雨森在人人网上注册了一个账号，伪装成一个用了好几年BB霜的资深达人，写了一篇帖子，告诉大家BB霜是什么，有多少种，对这些商品有什么看法等。随后这篇文章火了，有几万人分享，几十万人阅读，文章的末尾有聚美的购买链接，这个帖子给它们带来了最早的几十万的销售额。

野兽派花店在刚创立的时候，会耐心地听顾客的每一个故事，为每一个故事制作不同的花束。刚开始，野兽派花店只是通过微博来销售，没有网站，也没有实体店。只有两种价格，小花束是150元一束，中型花束是300元一束。为了减少库存和降低成本，野兽派花店没有已经扎好的一捧捧花束，也没有太多花的品种可供选择，都是顾客在预订了之后用当季的时令鲜花来搭配。

因为选择有限，购买的花束无法亲身挑选，野兽派为顾客量身定制——顾客订花的时候可以简单说说自己的要求，是想要温柔一点的，酷一点的，还是可爱一点的。野兽派的劣势变成它的优势，耐心地听每一个顾客的要求，为他们每一个人制作不同的花束，再后来野兽派的老板娘开始在微博上讲人生百态的花店故事。

## 创业冷启动

原麦山丘的产品冷启动是在每一个门店周边的写字楼里举办“试吃会”，在开第一家店之前，他们就足足憋了十四个月。原麦山丘卖的面包大小是其他面包店的 5 ~ 10 倍，这其实不是简单地把面团弄大块一点，而是面包的一个新品类——软欧包，外表是欧式面包的粗犷朴实，里面却是软韧有嚼头。开店之前，他们很担心顾客没法接受这样大个头的软欧包，于是把门店周边每一个写字楼的每一家公司都扫了一遍，在各个公司里举办免费的“试吃会”，因此，店还未开就有很多顾客期待已久。

健身社交工具 Keep，更是通过低成本运营，3 个月增长 200 万名用户。早期，创始人王宁和他的团队社交媒体找到了约 4 000 人规模的内测团队，王宁自己也尝试“潜伏”进不少健身主题的 QQ 群，与网友熟络之后，小心翼翼地扔出产品下载链接，推荐群友体验，“一个千人群，发一次链接平均可以带来 50 多次下载”。这 4 000 人成为 Keep 最早的忠实用户，在他们的热情帮助下，Keep 完成了功能完善后的上线版本。

从上线初期开始，Keep 的运营团队就以代号为“埋雷计划”的行动锁定了近百个垂直社区，包括那些流量巨大的百度和豆瓣群组，长期连载品质较高的以健身经验为主的帖子，这些帖子培养出固定读者，并在 SEO 方面得到了很高的曝光位置。而当 APP 产品正式上线时，Keep 在这些帖子同时引爆，几乎是在一夜之间，通过作者的话语权告知读者：这些饱含价值的经验都是通过一款名为 Keep 的移动工具来维持的。随后的 3 个月内，4 000 这个数字迅速变成了 200 万。

创业公司要想完美实现产品的冷启动，创始人一定要做好全盘的规划，不要等产品上线了才开始想怎么去推广。同时我们也不要忘了，通过运营实现产品冷启动的前提是要有一个好产品，因为谁也拯救不了一个烂产品。

# 案例复盘及启示

## 海外U，新型跨境电商如何积累200万用户

海外U作为一家拥有海外背景的初创企业，由几名在澳大利亚留学的国内有志青年响应发起并成立。

### 海外U的诞生

海外U的创始人王剑渤与肖毅等人也是看到了国内的大好机遇，放弃了国外优厚的工作福利归国创业。用肖毅的一句话来说：回来创业对我们来说已经脱离了金钱的观念，其实就是想回来实现自己的社会价值，挑战自我。在国外生活多年的他们，挑选的创业项目也颇具挑战，在2014年，“海外U”这家定位于精品跨境电商平台的公司成立了。

自2015年6月上线至今，一年多的时间内，海外U已经在PC、APP、线下实体店等多种渠道发力，并在澳大利亚阿德莱德与韩国首尔建立了自己的供应链分公司，以保证供应链的稳定。

### 空间助力海外U

作为国内新型跨境电商，海外U从最初的“三无”企业

（无资金、无资源、无资本），一路从武汉辗转至北京。说起海外 U 和洪泰创新空间的缘分，还要感谢腾讯。

当时肖毅在腾讯录制“起风了”节目，闲暇时间和节目负责人聊起“海外 U”有意在北京开设分公司，但是还没有选定办公地址。海外 U 在北京地区办公的人数少，租房办公没必要，所以这件事一度困扰着肖毅。节目负责人听后，向肖毅提起众创空间办公的概念，就把洪泰创新空间推荐给他。

在最艰难的创业初期，洪泰创新空间为海外 U 提供了多项展示机会，平台入驻、媒体宣传与曝光、资源对接等，帮助海外 U 度过了早期创业的诸多困境。

## 海外 U 的逆势而上

那么海外 U 究竟是如何打破天猫、京东等巨头电商平台的壁垒，逆势而上从 0 开始积累到 200 万用户的呢？

海外 U 成功地逃脱了大型资本电商平台的扼杀，主要是通过差异化运营，并根据现阶段跨境电商平台的缺陷进行了一系列“场景”改革，提出了 B2B 销售中的“大 B 端”和“小 B 端”概念。

海外 U 的“小 B 端”其实是面对数以万计的微商群体，这部分群体的增加会降低海外 U 的成本，因为微商自带推广属性和销售属性并且有稳定的客源，这样海外U就可以减少大部分的市场宣传推广成本。因为对于电商来讲，最大的成本不是房屋租金和人员开支，而是市场宣传费用。

而“大B端”商铺是由成熟的淘宝店主或者实体店家所组成的，“大B端”因为已经具备了成熟的销售模式和稳定的顾客群体，因此靠的是走量，力求薄利多销，追求规模效益。正因如此，海外U的分销商模式大大降低了获客成本，而客户黏性是极强的，并通过海外U的高黏性分销商推广孵化出非标品牌，最终成为海外U的线上合伙人。

现在的海外U是以标品引流，以网红为分销孵化非标品牌的一种新型跨境电商。如今海外U已经成为全球一站式网购直邮电子商务平台，它独特的分销经营模式广受业界推崇。目前拥有100家境外品牌独家代理权，全国微商8 000人，签约艺人20名，合作网红500余人，注册用户总数已高达200万人。

## 成长充电站：增长黑客

“增长黑客”这一概念兴起于美国互联网创业圈，最早是由互联网创业者Sean Ellis提出的。增长黑客是介于技术和市场之间的新型团队角色，主要依靠技术和数据的力量来达成各种营销目标，而非传统意义上靠砸钱来获取用户的市场推广角色。

增长黑客更多的是一种思想，在产品初期阶段，确定目标人群，使用一切方法找到目标人群，无论是通过线上还是线下的方式，在找到、留住、跟踪这个过程中，通过数据分析不断优化方案。

增长黑客能从单线思维者时常忽略的角度和难以企及的高度通盘考虑影响产品发展的因素，提出基于产品本身的改造和开发策略，以切实的依据、低廉的成本、可控的风险来达成用户增长、活跃度上升、收入额增加等商业目的。简单来说，就是低成本甚至零成本地用“技术”来让产品获得有效增长。

## 创业路上的小诗

### 傍晚

黑夜拥着远处的炊烟，踏着依稀清楚的山路，还有着近处的薄雾，不停息的晚归孩子的嬉闹声，一点一点的蔓延。

随着清凉的腼腆的风，亲切的气息萦绕着，脚步会有些许的迟疑，好像等着旧时光的重新到来。

不远处河水的流动，岸边的老杨树，沿着岸往上延伸的青蒿，会勾勒出夏天的蜻蜓的飞舞意念中春天和夏季，携着手簇拥着回忆，在傍晚的村庄的温馨里，无边无际的侵蚀着，一直不归的故人。

没有丝毫动静的河流，静寂的像一张水平面，偶尔来到石头堆起的水坝，激起的漩涡和波浪，唤起儿时疯闹的孩童们的美好。

不知时光也会老去，不知空间也会停驻。总会忆起上学路上的疾驰，总会记起放学路上的欢悦蹦跳。

心可以跟时间一起成熟，故乡和不该忘记的，却反复的袭来，让坚硬变得无所适从，让虚荣变得无影无踪。

偶尔，只是偶尔的拾起童年，展开泛黄了的记忆的书籍，小镇还在，河流还在，一如从前，从未忘记。

# 第八章

# 融资驱动

创业最重要的是两个元素，第一个元素是要活着，第二个元素是要赚钱。不要把创业看成一两年的事情，要把它看成一个时代的事情，这样你才走得远，如果你只是把它看成今年做的一件事，明年就不做了，那我不建议你选择创业，你应该找一份工作，做一个职业经理人也很好。

# 资本春天即将到来，大爆发可能在2018年

干货点评：

> 创业者要沉下心来，解决痛点，打磨好产品，提升品质，树立信心迎接春天，如果现在你还在犹豫，你可能将错失一个很好的机会。

2016年9月20日，国务院发布了《关于促进创业投资持续健康发展的若干意见》，简称《创投国十条》。这是我国创投体制建设史上“具有里程碑式意义”的纲领性文件。

## 三个核心关键词值得研究

多渠道拓宽资金来源，完善税收政策，拓宽退出渠道。

文件提到了“鼓励行业骨干企业、创业孵化器、产业（技术）创新中心、创业服务中心、保险资产管理机构等创业创新资源丰富的相关机构参与创业投资”。

“鼓励和规范发展市场化运作、专业化管理的创业投资母基金。支持中央企业、地方国有企业、保险公司、大学基金等各类机构投资者投资创业投资企业和创业投资母基金。”

“要充分发挥主板、创业板、全国中小企业股份转让系统以及区域性股权市场功能，畅通创业投资市场化退出渠道。”

很多实体经济以及上市公司资金很多，这便已经为创投圈的资金储备打下了基础，只有 1/3 的人进入创投圈，还有 2/3 的人没有进入，创投圈尚未出现真正的泡沫，出现泡沫得先有“水”，“水”还没有涌入足够多，就只能是“嘴上泡沫”，所以未来两年将是中国创投圈最好的两年。

2017 年可能有更多大型的国有企业和国有金融机构会加入进来。腾讯研究报告显示，2018 年和 2019 年将是特殊的年份，在互联网上会涌现一股大规模创投热潮。那时候就会进入春天，投资者应该尽快找一些标的物，潜入到里面去等待它再一次被更大的机构选中。

创业者要沉下心来，解决痛点，打磨好你的产品，提升品质，树立信心迎接春天，如果现在你还在犹豫，你可能将错失一个很好的机会。同时也要注意，当你的公司羽翼未丰，不具备融资资格时，此时融资是不明智的，这么做只会影响口碑和时间。

创业者一定要把握好融资时机。融资时机须符合两个条件：一是要当你需要的时候，二是条款对你有利。该节俭时节俭，该用钱解决问题的时候不要吝惜。资金不足可能是个问题，但资金过剩必定是个大问题。

## 创业者必须找到适合自己的投资人

好的投资人真的能带来很多附加值，不好的投资人只会帮倒忙。大多投资人都处在两者之间，帮不上忙，也帮不上倒忙。投小钱的投资人基本不会帮你做什么，所以要小心合投这种形式。

现在创业者融资的难度确实很大，因此很多创业者的思维是不管谁的钱，先拿了再说，往往没有意识到其中的风险。我在《创业生存法则》中曾经写过，投资人的钱分三种：中性的钱、好的钱、坏的钱。

创业者找到适合自己的投资人当然皆大欢喜，创业者拿了 VC（风险投资）中性的钱，项目失败了还可以一边唱着

“看成败，人生豪迈，只不过是从头再来”，一边重新找新的项目创业。一旦创业者遇人不淑，可就麻烦了。

对于一个成熟清醒的创业者，你要清楚哪个投资人的钱对你有附加价值，这很重要。不是所有的钱都是“不作恶的善钱”，要找适合自己的 VC 融资，争取得到除了钱以外的资源支持，而且这种资源必须是你需要的，如果不是你需要的却强塞给你，可能会成为累赘，甚至反受其害。

马云说，“今天很残酷，明天很残酷，后天很美好。很多人死在了明天晚上。”创业者一定要苦练内功，同时分辨清楚哪些是适合自己的投资人，千万不要死在资本春天来临的前夜。

# 中国资本领投 WeWork，到底意味着什么

干货点评：

> 我认为，中国资本投资 WeWork，或者说 WeWork 愿意接受中国资本的领投，不止是看中了联合办公的潜力，更重要的是它们看好中国创新创业的大趋势，这是对中国众创空间一类企业的重大利好。

2016 年 3 月 10 日，美国共享办公领军公司 WeWork 获得新一轮 4.3 亿美元的融资，最新估值约为 160 亿美元，值得注意的是，此次融资由中国弘毅资本及联想控股领投，同时 WeWork 也高调宣布拓展亚洲市场的计划，并将进军中国联合办公市场。

## 大资本为何看中 WeWork

我认为，中国资本投资 WeWork，或者说 WeWork 愿意接受中国资本的领投，不只是看中了联合办公的潜力，更重要的是它们看好中国创新创业的大趋势，这是对中国众创空间一类企业的重大利好，从资本层面给中国的众创空间和共享经济巨大的信心，这将吸引更多中国资本的目光关注国内创新型空间的发展，对整个行业起到推动作用。

WeWork 虽然已经实现盈利，但有分析师认为其财务水平不足以支持其估值，言下之意是该公司的高估值存在泡沫。其实要想喝出啤酒特有的风味，就要保持啤酒的泡沫，啤酒有泡沫但依然有价值，所以不能仅仅因为 WeWork 估值高就否定其模式。

## 进入必须契合中国环境

中美两国的国情确实有不同之处，美国联合办公模式要想顺利落地中国市场，快速实现本地化，必须做出一些调整，不仅是一个有物理属性和创新元素的空间，更要能够产生裂变化学反应。

为创业者提供联合办公场所，只是一块土壤。创业孵化器应该通过实现优质资源的共享给创业者提供更多、更有效的服务，帮助创业者和创业型公司实现真正意义的成长。在物理空间化学反应后，独立的众创空间会形成垂直生态体系，从长期看，当众创空间区域布局完成后，便会形成闭环，有效资源的网内高效流通，才是众创空间的最大价值。

## 空间升级的方向

虽然 WeWork 进军中国对整个众创空间行业是一个巨大的利好，但并不意味着所有的众创空间都会从中受益，服务单一的空间、孵化器会面临新一轮压力。顺利转型升级是创业生态中的重要一环，有利于整个创业生态的正向循环。

创客空间、孵化器的转型升级可以从这些方向着手：

**第一，做垂直深度孵化。**空间或孵化器绝不能做成地产，也不能将重头放在场地出租上，而是要真正将租客变成创客。类型上需要聚焦，比如，专注于文化类项目的空间或孵化器，或专注于科技类项目的孵化器，不同类型的孵化器需要在相应领域的服务上做深做透，真正建立起创业者所需的资源生态。

**第二，空间或孵化器需以合伙人的心态与创业者在一起。**需要准确把握创业心态，相应的投资服务也需站在创业者的视角来看待问题，创业周期和投资周期要有机地结合起来。

**第三，从物理反应到化学反应。**在提供服务上，应摒弃传统的单线条思维，转化为网状型思维。空间或孵化器应该聚焦到资源的进一步整合上，把简单的服务变为资源池，让创业者在池子里自由碰撞，产生化学反应，进而引发裂变。

**第四，创业服务应着重狼性文化的培育。**空间或孵化器不应成为温室，创业者也不是花朵。创业者身上最不能少的是狼性。最新的互联网科技创业，只有第一名与第二名的厮杀，后来者机会寥寥。因此，孵化器的文化从一开始就必须带有狼性，让创业者尽快长出肌肉，提高自身免疫力。

好的创投、创新空间不光要以空间作为载体，创业服务内容作为切入点，更需要拥有一个好的生态基础，这个生态中的核心是内容，通过“空间 + 内容 + 资本”的模式，做深度服务和内容，比如孵化、深度服务、加速、基金等，最终形成一个“动态循环”。

# 是“独角兽”还是“独角尸”

**干货点评：**

> 有些创业者瞻前顾后，总是希望融到第一笔钱再“下水”，特别要提醒创业者：创业是自己的事，没投资人也得创业，从来就没有什么救世主。

“独角兽”是对初创时期估值十亿美元以上企业的一个别称，跻身“独角兽俱乐部”是每一个创业者的梦想，“独角兽”是一个很好的融资噱头，所以像“我是独角兽”这样的创投类节目的火爆也不奇怪。

现在创投圈秀非常多，不管是电视、比赛，还是日常中，都有很多秀，这些秀让创业者感觉自己有光环。即便如此，创业者还是喜欢找投资人，因为只有见到了投资人，他才感觉到自己的创业是有希望的。

当前有些人对创业的认识存在一个很大误区，就是认为创业者只要创业，起步就应该有投资。有些创业者瞻前顾后，总是希望融到第一笔钱再“下水”，特别要提醒创业者：创业是自己的事，没投资人也得创业，从来就没有什么救世主。

创业首先要活着，你这个月在，下个月在，一年以后还在，可能跟你竞争的十家企业全没了，那你就成了老大。不能简单地依靠投资人活着，这是错的，如果只依赖钱，那你的模式本身就有问题。

我在和创业者的交流中发现，不少创始人都希望自己的公司快速融资，迅速成长为某一领域的独角兽，创投、媒体也热衷于制作各种版本的独角兽排行榜，甚至有机构的数据显示：平均每四天，地球上就出现一家独角兽。在中国，似乎做成一家独角兽公司逐渐成为很多创业者毕生追求的梦想。

最令我痛心的是在我参加的一些互联网会议上，有些急功近利的资本不断鼓吹，未来几年内，中国将诞生大量独角兽公司，仿佛是在暗示创业者，没有独角兽的愿景，你别期望能从我这拿到投资。

这些急躁的投资人，让不少创业者产生了“心魔”，没有快速融资成为独角兽的“心魔”。

2016年，大量曾经风光无限、被尊称为“独角兽”的初创公司倒下，国内最火的超级独角兽乐视也受到质疑，贾跃亭更是内部发邮件反思乐视生态扩张节奏过快，导致全球战线拉得过长，资金和资源紧张。

创业最重要的还是赚钱，而不是融资。独角兽公司的一个问题在于缺乏丰富的退出策略，没有太多营收很难上市，而有能力也有意愿收购独角兽的公司其实并不多。因此，对于很多独角兽来说，选择就变得相当简单。你要么继续融更多的钱，要么就变成独角尸。

# 想拿钱？看看融资的10条建议

干货点评：

> 你现在预期2亿元估值融资2000万元，你选择以1亿元估值融资1000万元，3个月后以3亿元估值融资1000万元，结果其实是一样的，但是小步快跑远比一口吃成一个胖子更有效率。

**1. 一份好的BP（商业计划书）是基础**

一份好的BP（商业计划书）是基础，是获得投资的敲门砖，是投资的前提。

首先，格式很重要，Word文件我会直接忽略，最好用PDF版本，PPT格式容易乱码，另外BP不要太大，也不必太长，15～20 页比较适宜；其次，花点精力美饰一下 BP 是值得的；项目优势要放前面，让人一目了然知道你的定位；内容至少包括团队、商业模式、对标企业估值和优缺点、拟融资额，行业无须介绍太多，详版要包括运营数据和趋势，最好可以用盈利预测的图表去解释未来的业务模式，这些是基础。

**2. 估值要靠谱，效率比估值更重要**

估值常常成为制约融资的重要因素，作为创业者，你对公司的估值一定要有非常准确的定位。整体来说，我遇见的估值偏高的居多。2015 年有一家企业，咨询我的意见，他认为自己估值 10 亿元，在我看来，3 亿～4 亿元已经很不错，但创始人始终坚持，结果 2015 年下半年之后，整体投资的热度明显降低，最后的结果是以 2 亿元去融资，这一估值与上一轮融资估值几乎一样。

同样的例子，在最近我推进的一个项目中，创始人最终接受了建议，选择快速拿钱，但我建议他降低融资金额，然后快速让公司业务提升一个台阶，例如你现在预期 2 亿元估值融资 2 000 万元，你选择以 1 亿元估值融资 1 000 万元，3 个月后以 3 亿元估值融资 1 000 万，结果其实是一样的，但是小步快跑远比一口吃成一个胖子更有效率。

**3. 早期的企业来讲 CFO 不是必需，融资顾问是必要**

融资顾问可以帮你快速提升效率，帮你打磨 BP，帮你对公司估值有一个合理清晰的定位，这是必要的。当然，要选择要价合理的财务顾问，有的机构在早期直接要创业公司 4 到 5 个点的股权，注意，是股权，不是现金，我觉得简直是在抢钱。

**4. 公司要有一个比较合理的股权结构**

第一，CEO 必须占大股，CEO 至少在早期占股应该在 60% ~80% 的水平；第二，创始人不能是 100%，否则整个团队没有激情和动力；第三，联合创始人五五开，这样的企业是投资机构特别不喜欢的，因为未来企业一定要有一个人说了算。但如果创始人让出去太多，像 CEO 能力很强但股权太少，最后的结局可能就是推倒重来。对于大企业内部孵化，而大企业占大股的企业，从投资的角度，是比较难以获得融资的。

**5. 不要把命运押宝在一家投资机构上面**

合同≠融资成功，更别说 TS（Term Sheet，投资协议），但多要几个 TS 也是有用的。很多企业总觉得拿到投资机构的 TS，就等于融资快成功了。有的时候，即使签订投资合同了，也可能遇见投资机构因为各种原因不打款，当然有的投资机构，对于TS的出具是相当慎重的，基本上出了TS，90%的概率都会投资，因为它的TS是需要上投委会才能出的，但是这个在投资界是少数。还有些投资机构，已经投资了竞争对手，出于各种目的，假装有浓厚的兴趣，去获得目标企业的资料。

当然，多要几个TS，对于融资是有一定帮助的，它可以作为谈判中的一个平衡器。

**6. 融资可以适度与PR相结合**

常爆出来某个企业获得多少融资，其实是在吸引投资机构的注意，帮助启动下一轮融资——创业者也可以在融资的时候适度利用这一点。

**7. 把握好融资节点**

常常出现的情况是，你越没钱就越不给你钱，相反，越有钱、越能实现自身造血、自负盈亏的公司，投资机构反而追着你投，所以不要等到弹尽粮绝再融资。

**8. 拿谁的钱，在不同的阶段会完全不一样**

可能在早期的时候，有一个非常知名的机构给你投资，会给你作一个很好的背书，这种情况下，你可以适度降低自己的估值。而后续在急需用钱的时候，可能是哪个机构融资效率高，就要哪个机构的钱。可能在某个阶段，你需要打开市场，需要相应的资源，你就要看哪个机构在给你提供钱的同时，还可以给你提供资源。而在一定阶段，你需要大额的钱，那就是谁给的估值高、投资金额高，就要谁的钱。

**9. 按照未来6个月的资金需求去拟定融资额**

除了估值之外，融资额也很重要。因为你的融资额定了之后基本上会确定你出让的比例，融太多可能就相当于过早低价卖出自己的股权。

有时候，如果你非常看好自己企业未来的成长，像可转债这样的融资工具就可以考虑一下，它不需要你提供抵押和担保，就是一个大股东的股权质押和个人连带担保，只不过投资的前提是你要有投资机构事先投入，基本估值在2亿~3亿元的时候，最为合适。另外，现在银监会也鼓励投贷联动，银行也会有类似的产品。

从融资额来讲，利用未来6个月需要花多少钱确定你的融资额，是一个比较合理的方式，最多不超过1年。我为什么强调盈利预测，其实预测主要是利润表和现金流量表。预测利润表，当年和第二年的收入和利润，尤其是收入和用户数量，对于合理判断企业估值有很好的参考意义。而预测现金流量表，可以看见未来最大的资金缺口在什么时间点出现，最大的资金缺口是多少，基本上根据这个来确定融资额，比较合理。

在融资之前，最主要的是应该摸清现在的财务状况，清楚未来的业务规划，做出盈利预测图表，可以一目了然地看出你未来的业务重点在哪里，是一家什么量级的企业，在不同的策略下，会出现什么样的结果，都可以比较清晰地知道。

**10. 萝卜青菜，各有所爱**

不靠谱的创业项目很多，盲目的投资机构也不少，慎重选择。

## 案例复盘及启示

### 摩拜和 OFO，一场融资导演的盛宴

继滴滴出行和快的融资大战之后，中国创业圈最疯狂的融资驱动型公司在共享出行领域诞生了，摩拜单车和 OFO 火拼单车共享市场，短短几个月的时间，两家公司都获得了巨额的多轮融资，而后在市场上短兵相接，誓要拼出个你死我活。

一时间，摩拜的荧光橙与 OFO 的亮黄同时出现在北上广街头巷尾，地铁口的停车区也不再黯淡一片，背后的资本力

量也变得暗流涌动。OFO 在 2016 年已快速完成了五轮融资，2016 年 9 月以后更是拉来了小米、顺为、滴滴及其相关投资机构集体入伙；而摩拜一方也不甘示弱，除却众多资本机构加持，还拉来腾讯和美团创始人王兴的入股。

熊猫资本是摩拜单车早期投资人，熊猫资本合伙人李论表示，熊猫在摩拜身上赌了很多，甚至动用全公司资源，帮助摩拜完成下一轮融资。

李论曾这样对媒体表述："C 轮融资太顺利了，TS（投资协议）拿到手软，所有人都想要更多额度，分不过来。我那几天电话被打爆，各位前辈们都在说想多要点。红杉、华平、高瓴、愉悦资本、创新工场、贝塔斯曼、美团的创始人王兴也跟了。除了投资 OFO 的经纬，其他投资风向标机构都在我们这儿。C 轮两周完成，款都付完了。王兴个人参投了摩拜 C 轮，我们也在跟王兴学习'打仗'的经验。"

继 2016 年 9 月底传出 1 亿美元 C 轮融资消息之后，摩拜单车新一轮 C + 轮融资即将公布。摩拜单车 C + 轮融资总共十多家投资机构参投，估值大涨。之前的投资机构继续跟投，并引入了一家美元基金。

摩拜官方称，新融资一方面将用来对摩拜单车进行升级和迭代，比如减轻单车重量，另一方面将用来拓展更多的城市，以及在已开通服务的城市扩大服务范围。比如在北京，摩拜从只在五环内提供服务，拓展到了通州区等五环外区域，其目标是要让用户在离自己100米以内的地方，就能找到一辆摩拜单车。

此前，OFO宣布完成1.3亿美元C轮融资，称将从校园拓展到城市。融资由美国对冲基金Coatue、小米、顺为、中信产业基金领投，经纬、元璟资本、俄罗斯的Yuri Milner、滴滴以及金沙江等早期投资方继续跟进。OFO将在北京、上海等地开始试运行，北京初期试运行区域首选中关村西区以及上地。

摩拜和OFO还引领了更多入局者跟进。近期，一款尚未上线的共享单车平台优拜单车宣布获得了千万级别天使轮融资；此外，小鸣单车也宣布完成1亿元A轮融资。

无论摩拜和OFO谁能笑到最后，也无论他们的结局是不是像滴滴和快的那样在资本的推动下合并，这轮共享单车的盛宴，无疑是众多资本导演的一场大戏，也给很多创业者生动地上了一堂融资驱动创业的大课。

## 成长充电站：投资人拒绝你的潜台词

创业找投资时被拒绝是常态，很多投资人可能碍于各种原因，会比较委婉地拒绝你，这个时候你就要反思和总结。

1. 投资人说："你这个项目对我们来讲太早期了。"投资人这么说，是最明显的潜台词，可能一开始就是对你的项目缺乏兴趣。

2. 投资人说："可能在这几个问题上解决得不好，但是整个市场大方向还是可以的。"潜台词是，整个团队在执行中是有问题的，即便你有整体的解决方案，投资人也不会跟进你。

3. 投资人说："我们希望跟投，价格、资金上出不了那么多。"潜台词是他不想投，如果有一个很好的领投方，他可能会改变自己的态度。

4. 投资人说："先做起来给我们看看，然后我们再投资。"这个潜台词是：我不相信你描绘的大饼，我不想投资你，除非出现了特殊情况。

## 创业路上的小诗

### 十月的正午

秋日的阳光晒在树叶上，镶着金黄的绿色。
小路隐约可现，弯弯曲曲，滑向一片静谧。
慵懒的正午，四处无声无息，

风也停止了走动。

只是偶尔，偶尔传来低低的响声，

越发映衬着十月的空寂，依稀徜徉在山村的路边。

小河一直向前流淌，树和草也呆望着村落，

散淡中品味着秋色。

山石在水底冲刷，期盼着鱼儿游过。

鱼儿矜持着欢悦着，奔向了河流的深远处。

十月的太阳成熟，平实，思维在秋的节奏里，

沉淀，坚硬，无念无住。

空气在静止，树木在静止，

一切如常，不动不摇。

第九章

# 格局驱动

今天你对时代的判断，包括你的行动，一定会决定 5 ~ 10 年后你的江湖地位，包括你的身价等。

## 今天对时代的判断，决定了十年后的江湖地位

干货点评：

> 关于创业者的成功，很重要的一点就是要有大格局，知道自己所处的大时代的背景，才能真正找到值得为之奋斗的东西，我的合伙人盛希泰先生，就是一位具有大格局的人，他曾经在一个论坛上详细讲述了创业者们应该如何看待这个时代，以下是他的精彩分享。

我觉得处在这个时代，只有那些清醒地认识这个时代的规律，清醒地认识这个时代在发生什么，然后付诸行动的人，

才有可能成功。

今天你对时代的判断，包括你的行动，一定会决定 5 ~ 10 年后你的江湖地位，包括你的身价等。

## 中国宏观形势的四大现象

第一个现象，2015 年中国的老百姓跑到日本，把日本的马桶盖买光了。这个事大家都知道，请大家思考一个问题，为什么是 2015 年，不是 2014 年，不是 2013 年？

第二个现象是最近发生的，2016 年 7 月，温哥华出了一个政策，2016 年 8 月 2 日始，加拿大的外籍人士买温哥华的房子需要缴纳额外 15% 的税收。

加拿大根据房屋的价格征收物业税，房价涨了以后，原来每年交 1 000 美元的物业税，现在可能需要交 5 000 美元。房价上涨，华人是主要推手。那么为什么华人可以把房价拉高那么多？

第三个现象是 2016 年“双十一”天猫、淘宝卖了 1207 亿元，创历史新高。跟这个相关的还有一个数据，大家应该知道，投资、出口和消费是拉动我国经济的三驾马车，我们国家通过投资对 GDP 的拉动，是世界上最高的。从来都是投资占大头，然后是出口，然后是消费。我印象当中5年前没有任何一年消费贡献超过25%，甚至20%。结果2015年消费对GDP的推动占到66.4%，2014年占到51.2%，为什么增长幅度这么大？这也是让大家很困惑的问题。

第四个现象是关于鞋的。女士应该都穿过两个牌子的鞋，一个是百丽，一个是达芙妮。现在达芙妮的市值从170亿元港币掉到了17亿元港币，百丽的市值从上市当初的1 400亿元，到现在400多亿元，为什么一落千丈？这个道理很清楚，原来没有电商，没有别的渠道，只能在实体店买鞋。现在有各种方式、太多可以买到更好的鞋。渠道不再是优势，竞争便回归到产品质量，回归到服务的核心。

这些都是现象，包括今天小米手机遇到的困难，甚至滴滴出行和Uber中国的合并，都是时代的一个缩影。“烧钱”创业的时代已经结束，我们的商业正在回归最传统、最本质的东西。消费变革已经在路上，改变正在进行。马云也说过，未来中国经济的三个新的增长点：消费、服务业和高科技，代表了变革的趋势，消费升级正在改变商业的未来。

## 把握趋势要搞懂四个前提

第一个前提叫做政策支持。在中国，我们的集体意识是很强的。任何时候，你要成功，没有把握宏观大势很难成功。

第二个前提是中国人富起来了。整个中国社会阶层都不一样了，所有的现象都在改变。我们去日本、美国、加拿大签证办理很容易，因为我们的经济实力增强了。现在全民化娱乐化时代到来了，2015 年有 8 部电影票房超过 10 亿元，最火的一部电影卖了 25 亿元票房，这些数据放在以前是不可思议的。20 年前冯小刚的《甲方乙方》卖了 1 300 万元，是当时最高的票房纪录。10 年前我们觉得电影院没落了，地级市电影院都关了。现在每个月我们的电影屏幕的增加数量在 20%，所以富强真的是一个主旋律。

第三个前提是“90 后”成长为消费主力军了。2008 年金融危机，中国人存钱，美国人花钱。美国人的特点是透支消费、透支未来，“90 后”和他们接轨了。首先满足自己的需要，不一定追求名牌，但要舒服、喜欢。

第四个前提是智能手机的普及。中国现在有 10 亿部智能手机，超过了全世界发达国家的总和。互联网时代中国落后美国半步，如今中国领先全世界半步。美国 90% 以上的移动 APP 开发不是美国原创的。原来中国所有的公司，例如 BAT 等，在美国硅谷都可以找到对标，而今天我们在美国没有对标了。目前中国有几家公司，盈利模式就是把中国的 APP 应用出口到全世界，发展特别好。

这是我对这个时代简单的解读，核心前提只有一个，有信心。为什么有信心？因为中国经济在进步。中国的发展是我们的载体，载体不存在，我们根本没有机会。

### 中国现在必须处于创新创业时代

大众创业、万众创新。中国现在必须处于一个创业时代，因为存量机构很少。调结构，保增长。就像和面，面多了加水，水多了加面。只要一调结构增长就下来了，但是结构不调，意味着其他有效推动经济增长的因素，没有机会生根发芽。所以这里面有一个博弈。

我觉得每个人都可以把你的资产拿出一部分，支持创业。一方面支持社会，支持年轻人，另一方面这样做也一定会有好的回报。

# 创业时间可缩短，过程却不可跨越

**干货点评：**

> 创业者把自己的小公司慢慢做成一个大公司，可能会花十几年，也可能花三四年。时间可以缩短，这并不意味着你的能力可以缺失，也并不意味着你可以越过创业这个过程。

我的创业合伙人、新东方创始人俞敏洪先生在创业方面看得很远，以下是他关于创业格局的分享：

## 创业很苦，心里很紧张

“最近大家在创业界传得最多的事情就是春雨医生的张锐

因为心肌梗死去世了，这引发了大家对于创业、压力等很多讨论。这件事情我觉得确实跟我们这两年鼓励年轻人拼命创业，创业者前面有事业的拉动，后面有投资者的敦促，弄得身心疲惫、非常紧张有关系；也跟我们现在的创业环境中的急功近利，恨不得一天就能成功这样的一种心态有关系。

我和不少创业者打过交道，都是身心疲惫的感觉，尤其是这种心理上的紧张程度，已经到了创业者比较难以忍受的状态。

## 创新创业的一些问题

原来政府鼓励创新创业的时候我觉得这是一件好事，但是当‘大众创业、万众创新’这句口号喊出来的时候，似乎变成了一场运动。创新创业这两件事情毫无疑问是伟大的，因为任何国家、任何企业、任何团体要是离开了创新和创业这两种精神，毫无疑问将没有活力、没有进步、没有突破、没有颠覆、没有成长。

但当我们把创新创业变成一句人人都能喊的口号，以至于不分人群、不分群体，把所有人都引到创新创业的渠道来的时候，就出现了很多问题。

一是资源的浪费。大家都知道政府投入了大量的资源，像我们这些已经算所谓‘功成名就’的企业也投入了不少资源和精力。但实际上创业是有规律的，创业的成长是受一定的时间、空间和环境限制的。我们看到过去两年之内中国成立的几十万家创业公司，现在真的还有活力、有前途的公司，我估计应该能数得清楚了，能有一两千家就了不起了。我们也可以看到曾经轰轰烈烈可以达到上百亿或者几百亿美元估值的公司，现在有些只有原来估值的1/10。我觉得这1/10的估值才是某种意义上理性的估值。

二是造成了人才的浪费。其实很多创业的年轻人进一步深化自己，或者进一步让自己在人生经验、做事情的判断力、决策方面更加成熟的话，出来创业会更加容易成功。50岁左右的这一代创业者，算是中间层靠下一点的创业者，也是现在中国民营经济创业者中成功的最主要的典型代表。所有现在真正成功的大的创业公司，基本上是40～55岁的这一批人办起来的。

## 创业不能把自己做没了

大家都在讨论这个现象，但是实际上我们这些人中的

80% ~90% 在创业前都是有过五六年甚至七八年的工作经验，同时大部分人创业也不是一次成功的。大家最喜欢讨论的马云，其实阿里巴巴是他的第五个公司。正是因为他前面没有做成，所以有了后来的阿里巴巴，有了今天接近两千亿元市值的公司。而我做成了，所以小富即安。

我只想说，创业这件事情是否成功，和国家的政策形势相关，和整个世界的经济形势和中国的经济形势相关，同时更加和个人能力相关。个人能力的储备是非常重要的。创业这件事情我认为不管你是急功近利的心态，还是每天 24 小时拼了命的干，都不一定是管用的。所谓过程可以加快，但是不能越过过程，大家应该是能够明白的。

## 创业家成为企业家不能揠苗助长

创业者把自己的小公司慢慢做成一个大公司，可能会花十几年、也可能花三四年。时间可以缩短，这并不意味着你的能力可以缺失，也并不意味着你可以越过创业这个过程。这个过程中你的创业逻辑、商业敏感性、客户忠诚度、发现客户的能力、团队建设能力……这个过程可以缩短，但绝对不可能越过。

我当初要和政府接触做新东方的时候，真是从居委会的老太太开始，再到街道办事处，再到海淀区教育局，再到海淀区政府。这中间用了七八年的时间才认识了我该认识的所有可能给我支持的人，包括从居委会的老太太到海淀区政府的领导们。

创业者可能不需要政府全力以赴支持，只要你的公司估值超过三亿、五亿元，政府领导可能就来找你了，让你留在这儿。可能只要一年两年时间，政府领导就会关注到你。但是你跟政府的良好关系以及政府到底能为你的公司做些什么，并且在合情、合理、合法的范围之内，能够跟政府联合起来共同做好事，这件事情你是跨越不过去的。你不能说我不需要政府，不需要认识政府领导。

## 创业绝对不只是创业，而是功夫在诗外

张锐的去世令大家都感到非常悲伤，都在讨论创业者的压力。创业者既有成功的喜悦，同时又在为社会提供优质的有价值的服务，我觉得这才是创业者的压力。多少人都困在自己的急功近利中，盯着那个仪表盘，每一公里都充满着焦躁。不管目标在哪里，你一定要给自己充分的休息时间和加

油时间。随时随地在你还有余力的时候增加你的力量。

我只想告诉大家，创业其实就是循着正道，循着你的目标，充满耐心地、补充好能量地、组建好团队地、防范好意外地一路前行。不要放弃，也许最后你就做成了，时间可长可短。

创业绝对不只是创业，而是功夫在诗外，或者说功夫在学外。我相信我们这些人创业之所以会成功，跟我们年轻的时候大量地读书、大量地交友、大量地游历、大量地学习，做过很长时间的一线员工都有关系。现在的创业者想的就是创业，干的就是创业，所有后面这些东西不少都是缺失的。所以我希望创业者认真地想一想，什么叫做功夫在学外，或者功夫在诗外。”

# 如何成长为一名优秀的创始人

干货点评：

> 创业一年半，见了上千个创始人。专注和狠劲儿，这两个词是我发现的优秀创始人的共性。除了这两条，创始人还要学会管理好自己的心智。

## 专注是优秀的创始人必须具备的第一个条件

通常来说，在把一件事情做到最好之前不要涉足另外一个领域。我所知的成功公司没有一开始就一心多用的，而是将同一件事层层展开，然后贯穿始末。你能做的远不如你会说的多，初创公司的夭折往往是因为过早涉足了太多领域。

尽管创始人并不只做大事，但他们只要做事便带着一股狠劲儿。因为事情本身可以有多种解决方法，相互矛盾的建议会层出不穷，所以做事雷厉风行、决策果断在创业过程中更显难得。优秀的创业者集思广益，最终相信自己的判断。

狠劲儿也意味着创始人不但要知道怎么“赢”，也要知道怎么“输”。

## 初创企业的招人、 用人要点

回顾2015年，大量初创型企业在招聘时形成了热点：第一是市场热点，人才市场供不应求。2015年我们在招聘时采用第三方观察：BAT里的人才大量出来，加入初创公司，或者自己去创业。这个现象直接拉动人才高流动。BAT出来创业的人越多，他们对人才需求就越大。

第二是因岗定人和因人定岗。过去企业需要什么人，就会招聘合适的人。但是2015年，因人定岗现象出现了。创始人看到很多优质的人才就会先把他招过来，你先来，我给你量身定做一个岗位。

而从2016年开始，因人定岗这种情况几乎不会再出现，创始人都开始回归理性，开源节流。创始人必须面临裁员的严峻现实，理性做裁员，这是成长的必修课。

创始人需要了解当下需要什么样的人，对现有员工精准把握。比如这个人懂市场，但他对运营感兴趣，不妨把运营的工作分配一部分给他，这是很好的缩减开支的办法。

最后，在解雇员工上不能手软。这又是一个人尽皆知但无人做好的原则。无论这个人能力有多强，只要他背离了公司文化标准就要立刻解聘。公司文化就体现在你雇的人、你解聘的人、你提拔的人身上。

## 成功的创业需要漫长的过程

创始人还要学会管理好自己的心智。不要囿于早期的成功而沾沾自喜。小有成就的创业者有两条道路可以选择：要么趁热打铁、再接再厉，要么沉迷于打造个人品牌、享受创始人的名号。

各种互联网大会和媒体曝光机会当然是很难拒绝的，因为成为焦点的感觉很棒，而且如果同领域的竞争对手出尽风头而你却默默无闻，你心里会不是滋味。然而，最终新闻媒体会证明谁是真正的赢家，只有实实在在的成功才会带来真正的注意，那些靠炒作团队上位的早期创业公司终将昙花一现。

成功的创业需要漫长的过程，比大多数创始人的预期要长得多。创业不能一蹴而就，你需要一如既往地吃好、睡好、锻炼好，腾出时间来陪家人与朋友，不要荒废你的爱好。

## 案例复盘及启示

### 神奇百货，不要在应该上学的年纪去创业

曾经，生于1998年的王凯歆创办的神奇百货红极一时。王凯歆，16岁辍学创业，成立神奇百货，做“95后”垂直电商，2016年年初参加创业真人秀节目，曾拿到千万级融资，一时风光无限。

遗憾的是，在拿到千万级融资短短半年后，王凯歆和她的神奇百货就从云端坠落谷底。仅过去了半年多时间，神奇百货接连被爆出闪电搬家、辞退员工、涉嫌漏税等风波，如今，神奇百货又传出“停运”的消息。

### 天才神话的陨落

王凯歆的曲折经历也印证了我一直以来消息的一个观点，

不要在应该上学的年纪去创业。当你的阅历和格局不足以支撑起一个公司的时候，勉强去做也许会红，却难逃失败的命运。

2015年2月，创新谷向王凯歆提供230万元天使资金用来创立公司，占股33%；2015年6月，王凯歆注册成立深圳大爆炸科技有限公司；2016年1月14日，王凯歆参加“我是独角兽”，投资人表现出投资意向；2016年1月底，神奇百货宣布获2 000万元A轮融资，由经纬中国领投，真格基金、创新谷跟投。

然而，从2016年5月开始，关于神奇百货和王凯歆的舆论开始转向，之前的“95后创业神话”的说辞不再有，数据造假、模式存疑等负面新闻不断涌现。2016年6月底，神奇百货又被爆出公司搬家、办公室一片狼藉，部分离职员工也开始在媒体曝光各种负面消息。

彼时，王凯歆还在朋友圈中进行辟谣，积极地回应各种质疑。在2016年7月6日的朋友圈里，王凯歆晒出多张截图，将创新谷朱波、薛蛮子等支持自己的观点晒出来。2016年7月22日，王凯歆转发一篇文章并评论：“神奇百货需要重新出发，我也需要开始认清自己，找回初心，回归商业本质。”

朱波在其朋友圈表示：“这次王凯歆能主动裁员并缩减公

司开支，作为投资人是支持的，我一直呼吁创业者无论融资多少资金，一定要回归商业本质，守住创业的初心。”

2016 年 8 月 22 日，王凯歆发布了最后一条与神奇百货相关的朋友圈，转发了神奇百货官方微信招聘 Java 工程师的帖子。自那之后，王凯歆朋友圈晒出的均为日常生活及读书随笔，没有了与神奇百货直接相关的内容。

## 神奇百货连锁反应

除了正在发生变化的神奇百货内部，外部也同样发生了变化。曾经力挺王凯歆的朱波表示已经放弃，“从 2016 年 2 月起，王凯歆完全听不进我的善意劝告，她简直像是换了个人”。朱波是神奇百货天使轮投资机构创新谷的 CEO，近日他在接受《界面》采访时表示，自己已经放弃了这家公司，并放到了死亡名单中。

更劲爆的消息则来自《创业邦》杂志的一篇报道，该报道称获得了神奇百货前员工的爆料邮件：神奇百货 CEO 王凯歆侵吞公款 600 万元，为了躲避被裁掉的员工，她用公司的钱报名以色列游学项目，而且 2016 年会到美国。

在此次事件发生后，王凯歆本人也进行了回应。在她看来，自己在创业过程中暴露出不少问题：战略上轻易涉足电商供应链、人事上盲目扩招、业务上未从用户真正需求出发以及公关上的盲目暴露。

## 年轻人切忌浮躁

实际上王凯歆代表的是一类年轻人，他们处在“大众创业、万众创新”的时代，也是一个大学生“过剩”、就业艰难的时代，很容易浮躁地走上创业之路。

大学生创业一方面可以从整体上缓解社会就业压力，另一方面也可以丰富自己的阅历、弥补自身经验短板。如果把大学生创业只是当作一个锤炼和磨砺，这是没问题的。但当你把创业做实，需要钱来投资，加入资本运作的时候，就需要承担相应的社会责任。

大学校园时期的创业在有些人看来是跟风追逐的过程，有些大学生觉得我也应该创业，因为这样时尚，能给我带来很多的便利。“90后”“95后”和“00后”创业者，这些符号让一些大学生飘起来。

有的学生会被社会上所谓的风口感染，然后想着我也要做一个惊天动地的项目，找投资人，拿钱，上节目，这一切都浮躁了。创业不是一场游戏，如果非得定位成一场游戏，这也是一场死亡游戏。

## 大学生创业理想很丰满，现实很骨感

有些大学生创业者有很好的想法，也做了一些策划并写了商业计划书。做得很好，很漂亮，模式、风险规避都写了，看上去就如同一份计划书模版，什么时间进行天使轮融资，什么时间进行A轮融资，什么时间要在新三板上市，多久拿下多少市场份额，几年成为行业第一，类似这些豪言壮语。

但问题就是想得太美好，没有考虑市场，理想很丰满，现实很骨感。我们不要想得太简单，不要低估社会资源的复杂性，有时候1+1并不是数学上的等于2，社会创业中可能1+1=11，也可能1+1=1-1。

大学生可以创业，但是要搞清楚创业是什么，首先要有一个认知。大学生终归是一个年轻的群体，这个群体里大家都有自己的个性，有人想创业，有人想当明星，有人想做公务员，这都是每个人不同的选择。

从另一个角度来说，单纯的大学生创业是稚嫩的，需要有经验的合伙人，需要资金、引导，因为创业是一件很难的事情，超乎于普通学业之上的事情。

所以校园创业只是时尚与游戏，社会创业才是生存与压力。大学时代的创业者像是一张没有写字的白宣纸，没有留下印迹，可塑性强，但是很薄，不堪一击；步入社会以后的我们更像是一张牛皮纸，写了字，画了画，后来自己想用橡皮擦擦掉，但是擦得再干净，还是有印迹，不同的是我们有经历，有阅历，时间的沉淀，增加了纸张的厚度，能够抵挡和经受更多的考验。

总之，创业是一个挑战，不是一个玩笑。你现在休学创业一年，你就落后时代趋势一大截，用青春的时间来换取所谓的时尚，这样值得吗?

## 成长充电站：远离这7类创业者

### 1. 没有追随者

创始人拥有追随者是最直接的能力证明，有能力、能带队伍的创始人，一定都有一些追随者，没有追随者的CEO是很难成大事的。

我曾经看到创业公司的CEO，个人能力很强，也找了两个很强的人一起来创业，一开始我还挺看好这个团队的，但是半年后，两个联合创始人先后离开了他，后来我和这两个人分别聊过一次，原因很多，关键是主要创始人的胸怀格局不够，在股权分配中不断挤压另外两个联合创始人的比例，最终，他的创业也失败了。

我们空间有一个项目，创始人是做技术开发的，在著名跨国企业做开发，他本身也是技术气质很重，我们一开始对他不是很看好，觉得他不适合做一个企业的创始人。但是过了不久，发现有两个很牛的人加入了他的团队，我很好奇，跟那两个人聊过，他们两对这个创始人很认可，因为这个创始人把 CEO 的位置都让出来，自己只做董事长和首席科学家。整个团队的人都很崇拜那个创始人，觉得他技术很牛胸怀又足够大，都愿意追随他来创业。

### 2. 成功的欲望不够强

我经常在全国跑，发现长三角和珠三角的创业者比北京的更接地气，大部分的业务是有现金流的，他们的目标就是挣钱。而北京的创业者谈梦想、讲故事、讲情怀的不少，有些人想凭几张 BP 就能拿到很多的投资。我们空间大多成功优秀的创业者，你问他有什么爱好或者理想，他会直言不讳地说，他的爱好就是赚钱。

### 3. 贪图享乐骄奢淫逸的人

拿到融资换豪车，换房子，这种人一定要警惕。有些创业者太爱打高尔夫，近乎沉迷。爱打高尔夫的人偏向于追求舒适生活，可能受不了创业的苦。其实创业的过程是很苦的。当然，我们最好是有一定的积累后再来创业，这样基本的生活不会受到太大的影响，企业发展了或者融资了，可以适当改善生活，但是一定要有平常心。

4. **学习能力不够**

创始人的能力也是极为重要的一个因素。学习能力不足的创业者是不值得投资的。有很多创业者看上去非常的厉害，出身于大公司，在大平台里任职业经理人。一旦他自己独立创业，与其他创业者一起竞争，未必有足够的能力。

5. **决心不坚定的人**

创业者不舍得投入，或者融资后给自己开很高薪水。创业是一个豪赌，没有退路，只有没有退路，才能杀出一条血路。我们一个空间的一个优秀项目，自己给自己投的种子，天使的资金快花完的时候，他已经把自己的房子抵押贷款的手续都准备好了，随时准备卖了车子、房子，终于在最艰难的时候拿到了A轮融资，只有这些坚定执着的创业者才能把不可能变为可能。

6. **有私心的人**

一个投资人给我讲了这样一个故事，有个创业者本身是公司的主要创始人，但是他利用公司的资源和客户关系，在其他的公司中以个人身份持有股份，这是非常愚蠢的做法。

因为这样的人根本就不知道孰轻孰重，如果以公司的身份持有这些股份，随着这些公司的发展，整个公司的估值会越来越有价值，而个人持股只会让整个公司对创始人做法产生怀疑起到不好的榜样。

**7. 人生太顺利，没有经历挫折的人**

创业从来就是九死一生，会面临巨大的心理压力，没有经历挫折的人心理承受能力相对要差一些，很容易就会放弃。

## 创业路上的小诗

### 记忆

安静中，又听到爆竹声。

记忆里，小时候最灿烂的日子，

守着只有一个台的黑白电视，

外边热闹的鞭炮声送来喜庆的欢悦。

那个年代，没有手机，没有微信，甚至没有电话，

唯有，屋子里的阳光和静寂的空气，

日子清贫、快乐。

故乡的童年，远处的小山丘，

在冬天的雾气中静止。

近处的河流在冰的坚硬，以及雪的洁白的映衬下，
令冬日散发着冷的俏美。
停留在脑海中的场景，依稀深沉唤起孩童的回想。
天空一点一点黑下来的时候，
炊烟近处的、远处的，
一片一片汇成铅笔画，汇成故乡外的朦胧的憧憬，
笼罩在一座座低矮的红砖房子上。
夜色蔓延着，
拥着一群群耍闹的孩子，奔回最温暖的家的方向。
院子里洒着日光灯折射的光影，
踏着傍晚夜的影子，
推开家的门，
湿热的水蒸气裹挟着暖意的饭香，
拉扯着欢迎孩子的晚归。
围坐在哪怕只有一大碗热气腾腾的白菜、萝卜、豆腐，
最美的饭菜就如同盛大的晚宴一样华丽、香美、温馨。
有人说，最美的是故乡，最好的是家园。
最美好的，是什么呢？

# 第十章

# 胜江创业点评

我既是一名创业者，也是一名投资人，为创业者提供服务，与创业者共同成长。如何做一个真正的创业者呢？只有自我学习，自我成才。

## 直播这么火，到底应该怎么做

如果要说2016 年的热词，我想“直播”是必不可少的。不管是创投圈关于直播平台的创业，还是纷纷入场开始做直播的各大巨头，显然直播被放到了一个新的高度。

直播行业从一开始的大而全，经过好几个月的迭代，逐渐走向了小而精的细分化趋势，在这个过程中也产生了垂直行业的各种网红。

### 项目基本情况

最近我接触了一个直播项目，主要是做美食行业的内容直播。

这个直播平台相当于一个美食行业的垂直自媒体传播平台，各个美食平台和栏目都可以在这个平台上展示一些美食内容。平台通过美食直播来实现消费社交，解决消费者的消费问题，引导消费。

项目的盈利点主要来自广告赞助、商户推广和内容产出，内容方面包括一些栏目合作、栏目冠名、内容定制等，后期打造自身的独立 IP，形成一整套全面的广告盈利体系。团队成员在广告、市场营销、品牌战略方面都有着多年的相关经验。

## 项目的差异性在哪里

直播这个新兴行业，催生了直播，也火了网红。企业可以找一些网红来做一档节目，固定化的品牌节目，培养用户的观看习惯，吸引流量。

## 流量最重要

前期最重要的是先把流量做起来，因为前期和各大综合性直播平台的竞争比较激烈，大家获取用户的渠道不同，资源整合能力也不同，在同行竞争者中保持差异性和竞争性很重要。

一方面，是与现有直播平台的内容要有差异，另一方面，与录播、点播这些视频方式的差异性在哪？用户对于内容的不同需求是什么？

直播本身，会涉及内容制作、内容产品、广告、版权、用户打赏等一系列的环节，内容的制作成本和制作周期怎么有效把控调节？还有一个政策因素需要重视，政府会对直播行业进行管理，那么平台本身是否具备直播的相应资质？

作为一个视频交互平台，内容创作是核心，早期可以通过网红、事件、热点来吸引流量，但是后期如何让用户留存，如何完成从网红噱头直播到真正的内容创作，这是一个重点。

我认为可以找一些内容平台跨界合作，实现共赢。不要总想着免费，不要去一味地迁就用户需求，而要有调性，有内容，一定是要想着如何给别人带来价值，做一些有意义的视频传播。

# 创业需要有做科技产品的坚守与自信

每到假期，去哪里玩人都多，对出境游的人来说，如何方便快捷地解决出境游的签证、酒店、租车问题，是一件很复杂苦恼的事。

## 一个旅游项目概况

我最近接触了一个创业项目，是专门连接出境游供应商和用户的高效旅行定制平台。首先值得一说的是项目创始人，有着十几年的旅游行业经验，早在 1999 年就开始做外国人的入境游市场，为国外用户来中国提供酒店预订、旅行规划等相关周边配套服务，当时这个项目取得了不错的市场效果，后来也被上市公司收购。创始人在 2013 年开始了二次创业，做了一款工具软件，帮助酒店、客栈、会馆场地简单快速地建设网站。

经过这一两年的模式，考虑到目前旅游业大多数巨头供应商只关心价格竞争力，打价格战的情况，创始人还是回到了旅游行业，专注于旅游供应商与中小旅游零售商、服务商与直客的连接问题，希望实现供应商的多样性，提高服务品质，加快用户响应速度，更好匹配用户出行、出境的需求。

目前，平台上筛选聚合旅游行业的出行专家业务规划，已经完成国际酒店、国际租车、签证、专家等模块。2016 年计划完成专家自定义产品、社交网络、国内酒店、国内租车等模块。

平台建立实名社区，在引进更多优质专业服务商的同时实现项目招标，为用户做到“订制旅行，即时响应”。用户如果有定制旅行的需求，可以自行在平台上选择需要的专家，提交需求，通过这些专家为出行的用户提供一个及时响应的旅行定制服务。

## 项目特色

从创始人角度看，创业者对这个行业的了解是很深的，而且自身的经验背景也很好。看得出来，创业者是经过很长时间的行业经验沉淀和思考，整理出一个成熟的思路，是一个扎实做事的人。

平台通过工具软件提升了 B 端供应商的服务和信息曝光，聚集了很多的供应商和用户，抓住了很多人的琐碎需求，不断地在解决 B 端、C 端的问题，B 端集成了服务，又满足了 C 端用户的需求，C 端用户在平台上获得了很好的定制体验，增强了用户黏性。

## 胜江点评

这种旅行定制化服务平台，解决了一些小的供应商、旅游零售商的出口问题，这有一点类似于孵化平台的概念，提高了这些供应商的信息曝光度，建立服务商体系，提高效率，扩大丰富产品线。对于用户来说，能够更加细分方便地提供服务，可以拥有一个定制化的旅行体验。

实际上，中国目前的互联网企业竞争中最可怕的就是价格战，比如说外卖、打车、机票这些行业的价格战，已经忘记了产品本身的核心是做好服务，为用户提供更好的体验。这种一味地打价格战对于企业、资本、用户来说，都是无益的，价格低了，服务肯定也不会好到哪里。

比如说做手机的，国内大多数手机品牌都陷入价格战的竞争中，很好的一款手机产品，最后因为价格战做不下去，所以苹果手机的定位就很清晰，无论是从产品功能配置，还是价格上，都走高端路线，这是一种科技产品的坚守，我们做产品的时候也要有科技产品的这种自信和坚守。

我觉得一方面是要注重产品本身，提升技术水平，让所有的中小企业都能体现自己的价值，用价值来衡量商业模式；另一方面是提升人的服务，不管是企业，还是网站，因为最终的切入点还是与人相关的方面，那么注重与人相关的服务就至关重要。

# 资源只是一个助力器，不是主流

## 项目概况

前两天，朋友给我推荐了一个技术服务外包的项目，项目经过了一年的时间摸索，想做一个线上教学的模式，交互视频，随时剪辑录播内容。通过这种形式来改变传统教学，在每个阶段会给学生做一些测试，保证学生学习的自主性，降低对老师的依赖程度。

线下是开办一些不间断的培训课程，主要包括培训和设计开发两块业务。针对 B（企业）端和 C（消费者）端的用户双向服务。To C 以三四本院校的学生、已经毕业但没找到工作的学生和想要跳槽的人为主要客户群。

To B 方面是与一些大型科技企业、科技园区接洽合作，提供长期的沟通渠道和实习就业机会。最近也在与猪八戒网合作，提供项目，让项目运营方面的用户来到线下进行培训实践。

一方面是让客户在这里接受技术培训，另一方面是为B端公司、企业、创业团队输出人才。让学生来给创业企业做一些设计服务产出，学生在学习知识的同时也得到了实践。把软件和基础教学放在线上，线下做训练营，实际地参与到一些项目操作中去，更好地提高学生的能力，形成一个良性的循环。

## 胜江点评

单单从行业竞争的角度来看，现在创投圈做技术孵化和技术服务外包的项目挺多的，但对于学生用户来说，他搞不清到底谁有特色，这是一个难点。你的品牌影响力没有宣传出来，用户对你的认知还不够，这种情况下你也找不到用户的需求点，缺乏影响力。

目前来说，创始人本身对于产品很了解，这个项目能够做起来的关键是整合资源和团队执行。团队成员结构上缺互补的人，还需要找一些专业的市场方面的人才，解决用户生源的问题。

从技术角度来说，这种交互方式的技术门槛是否足够高，在技术上是否有核心竞争力和独特性。目前来看，学生群体的受众太小，这种专业的培训体系不在高等教育的范畴里面，好的高等院校也不开这种专业，因此我觉得可以从以下几点去调整：

**第一，项目本身要有品牌影响力。**合伙人里面最好引入一些带有资源属性的人，类似于战略合伙人，这样对于后续的资源整合非常有利。

**第二，模式要有独特性。**把定位和品牌说清楚，你跟别人有什么差异，你要不断地突出自身模式的特色，把 PR、品牌都要做起来。

**第三，获得一批较好的用户基础，形成一定的口碑传播。**先从一个相对比较窄的领域出发，比如说主打三四本院校的学生群体，在垂直领域做到极致，别人就只认你的品牌，这样品牌影响力也就慢慢形成了。

**第四，资源整合。**找一些你认为比较好的公司企业合作，但不要太多，需要真正落地执行的合作。强势资源注入看似是一个最方便的导流方式，但是有时候资源只是一个助力器，不是主流。

# 爆品和小众品牌更加值得关注

最近遇到的几个创业者都有一些共性，所谓的创业项目更准确的应该称做生意。当然，创业的本身就是创造性地去做一件事情，加入一些创新元素，创新型的做生意也是一种创业。

## 项目概况

有一个创业者是做进出口贸易生意的，专注于服装和健康理念的产品，以创意类的儿童产品为主，主要与韩国的品牌商合作，成为韩国品牌在中国的独家代理，相当于一个时尚健康产品的买手。

创业者在市场拓展方面主要依靠线下挖掘门店资源，发展下级分销代理，跑一些传统的渠道和超市，销售更多的产品；线上主要是靠朋友圈传播，类似微商的概念。在产品选择上主要针对国外的新品、爆品，吸引更多的国内用户去购买。

## 胜江的疑问

这种创业的模式就是典型的个体业务，运用手中现有的互联网资源进行简单创新，这不能算作创新模式，但对于做生意来说，思路是对的，具体操作方式有待调整提升。

现在是一个信息爆炸的时代，单单一个电商购物领域，硝烟弥漫。早期的电商先行者已经结束占位，大的平台无论是在品牌影响力，还是在业务拓展、内容架构、资源整合等方面，基本布局完善。

现在的时尚买手、跨境电商，市场上也有很多的这些垂直细分跨境电商平台。随着大家生活的改善，消费能力和消费要求不断提升，面对这些专业细分化的品牌巨头，是否能保有竞争优势？退一步说，你与这些简单的海外代购、传统跨境电商相比，能提供哪些特色化的服务？只是靠朋友圈的传播是解决不了什么问题的，如何让更多的人认识你的品牌？现在大家对于朋友圈的内容要求更高，如果你的产品没有创意和特色，这样盲目的传播会引起更多人的反感。

## 胜江点评

选择爆品的思路是对的，选择一些国外比较有特色的小众品牌，这种介于时尚品位与奢侈大牌之间的定位，会吸引更多的中产阶级用户。因此，你可以挖掘一些国外中小企业，寻求独家合作，从货源上提升优势。

另外，你在市场推广和用户获取上可以拓宽思路，采取跨界合作的方式，整合一些周边资源，仅仅靠现有渠道是很难获得大量用户的。如果你没有粉丝基础，那么需要借别人的平台导入流量，跨界合作，用一个爆品来替代你的品牌。

现在处于个性化的时代，想要把这个简单的生意做好，需要更多的创新。模式上要创新，要么市场品牌好，要么产品优势强。要有一个商业思路，如果只是传统的找货源、找渠道、找用户，很难赚钱，除非你的产品中国没有，但这个是很难的。这种代理的思路是很早的模式，儿童产品领域的确有一些爆品，但也需要市场来检验。

不管你是做生意，还是创业，能赚钱最重要，先活下来，后续慢慢调。现在创新创业讲得很多，同类的项目也很多，你要看看别人是怎么做的，多熟悉自己行业的东西，未来的发展方向就是从这些行业内的摸索中寻求。

## 生意、创业、产业，这是三个不同的概念

对于一、二线城市的人来说，可能每天的生活基本是以工作奔波为主，大家的圈子都很小，渴望去拓展社交，建立新的兴趣社交圈子，但是大多数都停留在每天拿着手机，刷着朋友圈。那么互联网线上社交与线下活动的结合，就催生了越来越多的创业者在线下社交领域不断尝试。

### 项目概况

我见过很多创业者，有的以夜店酒吧角度切入线下活动社交，有的以拼桌吃饭角度切入线下活动社交。最近遇见一个创业者，主要是以线下活动信息发布和活动策划角度切入，

自身定位成一个线下活动的供应商。

他项目主要是针对高校学生、中产阶级和新贵阶层的人群，专注于体验类的活动内容。目前的商业模式很简单，一方面是组织活动、策划派对以及个性化的定制活动，另一方面作为活动的供应商，将这些活动信息宣传推广出去，吸引更多的人参加，这里面也会有一定的利润。

盈利上一方面是通过向商家抽取一定费用的活动报名佣金，另一方面是利用手中大量的派对资源，为品牌赞助商提供一个体验式营销的机会，收取一定的费用。

目前团队有 10 多个人，B 端市场做得比较好，有着丰富的资源，C 端客户的市场有待去开发，粉丝运营和管理做得不是很好。

## 胜江点评

说实话，类似这种模式的项目有很多，很多创业者在这方面进行了尝试，大家定位也不一样，有的红极一时，有的孤军奋战。社交本来就是一个很宽泛的命题，不管是线上社交，还是线下社交，竞争都很激烈。市场愈发狂热的时候，或许就应该冷静一点。

现在通过活动和派对是可以实现盈利的，通俗的说就是能够赚钱，但我觉得这只能看成一个短期的生意。生意到创业，再到产业，这是三个不同的概念，这其中也涉及商业模式和未来变现的问题。

自身的定位如果是活动信息的供应商，那么你的信息来源在哪里？活动信息的真实性又如何？别人为什么会相信你和选择你？换句话说，你的平台模式特色是什么？除了发布信息以外，你的平台还能够给用户和活动本身提供什么附加值，起到什么作用，这个是很关键的地方，这也是平台自身的价值体现。

如果只是单纯地做一些活动，我觉得意义不大，而且也不是一个长久理想的模式。我的建议是可以先换一个城市去试一下，看模式是否能够复制，毕竟现在只在一个城市小范围试点，可能到不同的城市，背后需要的资源配置会不同，到时你就会发现你的用户到底有什么需求，模式有什么问题，平台需要什么东西。

## 创业路上的小诗

### 乡愁

清晨，淡淡的空气，散发着闲适的味道。风清澈的从东至西，享受着远去的快乐。

一瞬间，仿佛看到了云。蓝天陪着云漫步。不知道什么时候回到故乡，不知道什么时候拥抱着那黑土地，不知道什么时候踩着儿时的小路。

世界不管多大多广，天气不管多美妙，魂牵梦绕的从没有改变。时光总是向前，清静的阳光一直未变。

会有那么一天，望着旧旧的小砖墙。会有那么一天，奔跑在归乡的路上。会有那么一天，踏上返程的火车。

日子依旧，依旧的日子。怎样的期盼啊？住在心里的乡愁！无时无刻，从未离去。

# 后　记

## 创业一年半

一年秋风劲，江天万里霜。2016 年 10 月 23 日，霜降，我创业一年半了。

一路走来，每次我都在一些重要的时间节点，写下一些创业感悟，算是一种自我总结与内心对话，包括《第一个 99 天的创业》《第二个 99 天的创业》《第三个 99 天的创业》，也曾写过一本书《创业生存法则》。有人会有疑问：为什么没有《第四个 99 天的创业》了，是不是还在创业？

在这里，我想告诉大家：创业一年半了，我们，都还活着，而且活得还不错。

突然间停下来，回想这一年半的创业，一幕幕的过往情景闪现，如果非得用一句话来说，就是坎坷是常事，遇坑是平路。平常心，一切是常态。

## 雨越下越大，我们都在雨里

创业的一年半，就像是在雨中走了一段路。有人选择跑到屋檐下避完雨了再出发，有人选择撑着伞继续前行，有人选择破风淋雨前行，而真正的创业者应该是不畏风雨，一路前行，既然选择了远方，便只顾风雨兼程。而我，应该是顶着报纸在赶路的那一个。

走过了一年半的时间，我想大家最关注的可能是发展问题。的确，我时常在公司开会的时候说道，我们作为一家创业公司，怎样才能顽强地活下来，扎扎实实地做一些实事？把握节奏，走向资本化，这是一个必经的过程。不得不承认，在这方面，我走得很难，遇到了不少的坑，当然，我扛过来了。

有些朋友私下里跟我说：胜江，你不用搞得这么难，有那么多的资源人脉，为什么不用呢？我明白这其中的道理，也不是没有捷径可以走，但苦于实在没办法说服自己，这是性格的缺陷，可能是性格决定不愿意开口，或许更多的是因为我喜欢熬，坚信能够熬过去，对自己比较狠而已。

## 我的创业这件事儿

在这一年多里，我用平常积累的一些创业理解，创业项目故事，写了一本书《创业生存法则》。也听到几个创业朋友提到，把这本书当作一种创业参照物，唯有生存、活着才是创业的第一法则。我觉得挺高兴的，真正能够帮助，或者影响到一部分创业者，这就是有价值的。

创业一年半，说说创业这件事干得怎么样。从 2015 年 7 月蔚蓝洪泰创新空间第一家旗舰店开业，到目前，洪泰创新空间形成以京津冀、长三角、珠三角为主的三大片区，覆盖一二线重点城市，全国签约布局近 30 家空间，累计服务连接 10 000 余个创业项目。

这一路走来，真是从 0 到 1，从无到有，我自身也完成了从地产到创业投资的跨界，我们空间真正的从物理空间裂变成化学空间，从形式走向内容，不断向科技创新、产业升级前行。

空间作为创新创业的一个载体、一个平台，最重要的就是服务、连接、催化、升级。

“我不在办公室，就在星巴克，我不在星巴克，就在去星巴克的路上。”星巴克表面上只是提供一杯咖啡，实际上更多的是给用户带来第三生活空间的体验。酒店表面上只是提供一张床，实际上是解决外来人群融入当地城市文化生活的第三维度空间。而我们空间就是要打造一个独特的第三维度创业文化空间，既不是家，也不是办公室，而是一个能够找到解决问题办法的第三维度空间。

一个带有创新元素的物理属性空间，空间只是基础，重要的是有服务内核，空壳里面要有丰富的内容。洪泰创新空间通过活动、课程、运营、孵化、媒体、投资等方式来帮助创业者实现真正的成长。我们的核心是“创业连接”，你与公司的同事有哪些连接？你与创业者有哪些连接？你帮助创业者与外部机构、媒体、投资人有哪些连接？在连接的过程当中做好服务工作，创新空间需要的不是开门收发的物业管理人员，也不是端茶、倒水、拖地的保姆，空间真正需要的是能做好有效连接的服务管理者，通过“产业 + 双创”的结合来催化创业项目，实现一个真正的价值升级。这才是空间作为一个载体平台的最大意义。

双创的载体有了，那空壳里面应该装哪些内容呢？

**第一，智能创造。**最近很多人在谈智能制造，我有一些不同的观点，我认为首先要把制造做到极致，你的产品别人愿意买，不管是从工业设计还是从工艺、核心技术，你要有独特的东西才可能战胜同行业竞争对手。北京的世界机器人大会我也去看了，确实有很多做得不错的解决实际问题的机器人产品，比如多旋翼无人机、消防机器人、医疗机器人等；

也有一些伪需求的产品，有的只是智能堆砌，有的反而画蛇添足。

我有一个很深的感触，真正的科技创新、智能创造还得靠这些高校科研机构的成果转化，只做科研是不对的，科研不能用文字表达，更多的是要走向市场化，与创新创业相结合。我们应该通过产业升级 + 高端技术成果转化，将制造通过工艺设计、核心技术变成创造，这才是智能创造。

**第二，产业升级。**中国是制造业大国，传统产业很多，如何通过创新创业来带动大部分传统产业的升级转型？现在互联网的很多产品都只是半成品，很多 O2O 模式、共享经济模式的企业创业失败，一方面就是半产品模式，另一方面是没有找到产品真正的刚需。我们的创业不能把玩闹变成噱头，最后还变成投资，这个循环模式是病态的，是很可怕的。

产业升级是一个进化的过程，“产业 + 双创”的连接，这就是一个撬动升级的点。产业升级一方面是靠科技创新推动，另一方面也带动了科技成果的转化，增强了对科技发明专利的保护。

### 霜降了，怎么过冬

最近一段时间好像大家都在说“寒冬真的来了”，的确，冬天来了，但不一定是资本寒冬来了，无论是创业还是资本，好的项目从来没有寒冬，有的只是收获的秋天。

对于脚踏实地的创业者来说，从来没有寒冬一说。如果有，它只出现在每一个创业者心中，从你创业的第一天起，寒冬就在你的心里。每一天都有公司在死亡，这是创业的必然规律，创业从来都是九死一生。

说到创业的九死一生，正如《创业维艰》里说到的“担任 CEO 的 8 年多里只有 3 天是顺境，剩下的全是举步维艰”。对于创始人来说，我是深切地感受到了这种创业维艰，很多时候，很多事情，你只能自己去熬。

这一两年里，创投圈在风口火热的同时，创业者的压力也日益加重，创业者健康成为一个大问题，有几位创业者为创业献身。我为这些创业者感到惋惜，也为他们致敬。创业本就是一件有风险的事情，我觉得创业者是有尊严的，创业者需要得到理解和尊重。

对于创业，我还是坚持创业是一场狼性的修行。为什么创业者需要像狼一样？我们都在强调创业要有头狼，创业要有狼性，这是对团队的要求。究其根本，狼最重要的两个独特性：保持饥饿感和坚持等待。

狼始终保持饥饿感，有饥饿感才能产生目标感和欲望，狼的饥饿感引领着狼群的发展。狼坚守等待，有着凶悍的攻击力，但又不是一味地去撕咬进攻，而是静候时机，等待着猎物去犯错误、懈怠，掉入圈套陷阱。

**创业，是郑重地吃一块萝卜**

1925 年 8 月，夏丏尊在杭州西湖请弘一法师吃饭。

“送了两碗素菜去，原只是些萝卜白菜之类，可对他却是几乎要变色的盛馔。”弘一法师郑重地用筷子夹起一块萝卜，那种了不得的神情，夏丏尊见了，几乎要流下欢喜惭愧的泪来。

弘一法师吃饭，连油都没有，白水煮菜，加一点点盐。冬天，有客来，供奉他一盘橙子，剥开吃两瓣，便觉欣喜。学生李鸿梁见了，觉得“完全是个苦行头陀，不禁鼻酸”。

弘一法师外出讲经，住处艰苦，只有两块木板搭的床铺，他毫不介意，觉得很好。弘一法师直到 60 岁，一直都自己打扫，扫地、拭几、擦灯、洗衣。

弘一法师曾手书一副联语：而无众生想，常行大慈心。

这是集华严经的句子。字面意思是说，不要总觉得自己在度化众生，常常保持慈悲心，做慈悲的事，才是更要紧的。施恩者，不要觉得自己在施恩，更不应想着有回报。

所谓但行好事，莫问前程。

这是一个“破我执”的联语，大乘佛教在度众生时，不要有我的执念。

我执，是自我意识的障碍。当“我”变得过大，智慧就被淹没。只有消除了我，消除了时时刻刻需要强调的存在感，变成“无我”，才可成佛。

弘一法师修行的过程也是一个“度我”的过程，创业也就该这样，简单、善良、执着。抛去烦琐，砍掉伪需求，远离聚光灯，回归简单，做一个善良的人，用平常心去接受创业路上遇到的一切，这其实是一种馈赠，执着的追求你所坚持的，心存敬畏，行有所止。

# 附　录

## 一位创业者凌晨两点的感言

肖毅　海外U联合创始人

今天我想写写老王，洪泰创新空间的创始人，王胜江老师。

熟悉空间的小伙伴都亲切地叫他一声老王。为什么今天想写写老王呢？在武汉的酒店里深夜，看着汉口的夜景有了很多的感想，再加上看到很多的评论，所以想写写老王。

很多朋友给我留言说不要跟风迷失了自己。其实我心里是非常感谢这些提醒我的朋友的。创业创的是自己的业，没错！其实与佛学所讲的造业是一样的。造善业还是恶业都是源于自己，并不取决于别人。有的时候很多人看的只是表面的一种现象，并不知其中的渊源。这也是为什么我经常批评投资人，但是很多投资人一点不恨我，还会继续和我讨论项目的原因，因为他们了解我。

所有的事情对事不对人。对于一件事物的看法，任何人都会有不一样的理解，因为不同的个体成长环境、世界观、看问题的角度都是不一样的，没有完全的对与错。

很多人说我捧老王，其实非也。与其说是捧，倒不如说是创业者对于老王的一种认可。而对于老王的“捧”其实反映了创业者对于洪泰创新空间的认可。老王作为洪泰空间的CEO，带领着所有的空间小伙伴为入驻的企业服务，“身在其中”的创业者深有感触的，这是老王的初心。与其说我“捧”的是老王，倒不如说我捧的是整个洪泰创新空间的小伙伴们。

很多人也许不知道，作为一个从武汉，进入北京的创业公司，起步是相当困难的，没有资源，没有人脉，竞争激烈，资金有限。假如当初没有进入洪泰空间，我相信我自己根本没有现在这么多的资源。

现在有很多其他空间的CEO过来，给我开出各种优厚条件，让我离开洪泰空间，我都婉言谢绝了。我很感谢他们看得起我，并给我提供机会。很多朋友说我傻，也许是看法不同，对我来来说，做事的根本还是做人。

有人在说我专门做PR，没错，我觉得做出一个能让大部分人认可的PR，也是对我的一种认可。我的资源都是洪泰空间带给我的，如果我仅仅因为金钱的原因就离所有空间小伙伴而去，那我也就不用在创投圈立足了。因为合作是多方面的，就跟与洪泰所有小伙伴一样，相处的已经不是空间与海外U，更像是老朋友，抱团取暖，互相扶持。正是空间对我的帮助，对于海外U的帮助，才让我有了对于空间的认可，更是对于CEO老王的认可。

我相信不光是海外U，空间里的其他创业伙伴都会有同样的感触，只是我先说了出来。吃水不忘挖井人，别人敬你一尺，理应还人一丈。创业其实还是一种方式的做人。人做好了，大家认可你，你的项目自然差不到哪里去。如果因为各种原因项目失败了，人做好了，自然会有朋友挺你。

老王爱写诗，易感触，有感想。有情怀的创业人你不需要与他有过多的沟通，就能感受到他带给你的感触和想法。所以通过老王的诗我能感受到老王创业的初心和不易。心灵的沟通有时比言语上的交流更为扎实，这也是为什么我们认可老王，认可空间的原因。